法治力

基层社会治理法治化的苏州样本

● 苏 仁/著

苏州大学出版社
Soochow University Press

图书在版编目(CIP)数据

法治力:基层社会治理法治化的苏州样本 / 苏仁著
. —苏州:苏州大学出版社,2021.7
ISBN 978-7-5672-3573-1

Ⅰ.①法… Ⅱ.①苏… Ⅲ.①社会管理－法治－研究－苏州 Ⅳ.①D675.33②D927.533

中国版本图书馆 CIP 数据核字(2021)第 107503 号

书　　名:	法治力——基层社会治理法治化的苏州样本
著　　者:	苏　仁
责任编辑:	刘　冉
出版发行:	苏州大学出版社(Soochow University Press)
社　　址:	苏州市十梓街1号　邮编:215006
印　　刷:	苏州市越洋印刷有限公司
邮购热线:	0512-67480030
销售热线:	0512-67481020
开　　本:	880 mm×1 230 mm　1/32　印张:7.25　字数:169千
版　　次:	2021年7月第1版
印　　次:	2021年7月第1次印刷
书　　号:	ISBN 978-7-5672-3573-1
定　　价:	36.00元

若有印装错误,本社负责调换
苏州大学出版社营销部　电话:0512-67481020
苏州大学出版社网址　http://www.sudapress.com
苏州大学出版社邮箱　sdcbs@suda.edu.cn

序 言

不断深化法治文明苏州样本的实践研究和探索

吕振霖

开展"法治力——基层社会治理法治化的苏州样本"研究,是深入贯彻党的十九届四中全会精神的创新举措,是苏州在探索现代化路径中先行先试的实践要求,也是对"苏州模式"在制度层面的理论总结。这对于发挥人民代表大会制度这一根本政治制度优势,探索完善基层治理制度建设、构建现代化治理体系,推动理论研究与实践探索良性互动,都具有理论价值和实践意义。

在开展课题专项研究过程中,各位同志和专家在实践中研究和探索所形成的成果既有精准的前瞻性和探索性,又有鲜明的针对性和实践性,既体现了十九届四中全会精神,又凸显了苏州法治建设特色,相信对苏州法治文明建设将产生积极的推动作用。

苏州是一个历史文明与现代文明交相辉映的城

市。自古有言"上有天堂，下有苏杭"，就很能说明苏州美丽和灿烂的过去。今天的苏州，因经济和社会发展的辉煌成就，创造了具有世界影响力的"苏州模式"。过去，我们从经济发展角度对"苏州模式"总结研究比较多，而从制度层面分析探索比较少。我们已经对经济发展角度的"苏州模式"有了比较多的研究和展示，而对法治文明层面的"苏州样本"还缺乏全面总结和精心打造。这次专题研究提出法治苏州建设这个课题，应该说很具有开创性意义。

第一，这是深入贯彻党的十九届四中全会精神的重要任务。十九届四中全会对坚持和完善中国特色社会主义制度，推进国家治理体系和治理能力现代化做出重大部署，明确提出国家治理体系和治理能力现代化"三步走"的目标。贯彻十九届四中全会精神，需要按照中央的决策部署，根据本地实际，推进地方治理制度体系建设，推进社会治理现代化规划目标的确立和实施部署。所以，建设法治文明的苏州样本是贯彻十九届四中全会精神的重要任务。

第二，这是推进现代化建设先行先试的实践要求。中央赋予江苏现代化建设先行探索的重要使命，苏州作为江苏发达地区的代表，更要在现代化建设上为全省乃至全国探路。这个现代化既包括经济建设的现代化，也包括社会治理的现代化。所以，建设法治文明的苏州样本，突出守正创新、开拓进取，突出系统集成、协同高效，是推进苏州现代化先行先试的使命所在。

第三，这是从制度层面对"苏州模式"发展的总结提炼。苏州发展模式的创建有许多重要经验，我认为其中最主要的经验还是制度环境的建设。一个法治文明充分发展的社会，才能真正形成良好的投资环境、创业环境、营商环境。法治文明是一个地区的核心竞争力。认真总结借鉴"苏州模式"形成的体制性、制度性经验，不仅是对"苏州模式"的重要完善和提升,更是新时代完善苏州治理制度体系,建设苏州法治文明,创新和发展"苏州模式"的客观要求。

建设苏州的法治文明,必须以习近平新时代中国特色社会主义思想为指导。认真贯彻党的十九届四中全会精神,从坚持和完善中国特色社会主义制度、推进国家治理体系和治理能力现代化的战略高度,着眼苏州全面开启社会主义现代化建设新征程,自觉担当好这一新时代新任务。提出法治文明建设阶段性目标任务,旨在以更加完善的、具有苏州特色的、科学有效且成熟定型的制度体系,引领、推动和保障苏州现代化建设。

建设苏州的法治文明,必须始终坚持党的领导。在我们国家治理体系中,党的领导、人民当家作主和依法治国是国家治理体系的核心内容。其中党的领导是根基,人民当家作主是本质,依法治国是依托。所以,加强对立法、司法、执法工作的领导,坚持党委对法治文明建设把关定向,是推进法治文明建设顺利进行并取得积极成效的根本保证。

建设苏州的法治文明,必须始终贯彻以人民为中心的发展思想。我国是社会主义国家,人民是国家的主人,国家的一切工作都要体现人民的意志,维护人民的利益。我们的立法、司法、执法工作都要坚持贯彻以人民为本的法治理念,都要体现公平正义的价值追求,都要把维护人民利益、增进人民福祉作为法治文明建设的最高目标。只有真正使得各项制度有效对接人民群众生活,治理效能才能充分显现,人民群众的获得感、幸福感才能不断提升。

建设苏州法治文明,必须始终立足现代化建设这个大局。苏州作为全国现代化建设先行区,必然要在深化改革、扩大开放、经济转型升级、社会文明建设方面先行先试,探索和提供可借鉴、可复制的经验。法治文明建设必须主动适应改革开放、经济社会创新发展的新形势、新任务,通过细化制度安排,形成务实管用的治理体系,真正实现国家治理现代化,把制度优势转化为治理效能,以高质量的法治文明引领和推动苏州高质量的现代化建设。

　　社会主义法治文明是社会主义现代化建设的重要任务,也是苏州现代化建设先行先试的担当作为。我们大家都期待苏州以物质文明和法治文明的辉煌成果向人们展现一个高质量的社会主义现代化的现实模样!

　　在此,祝福苏州经济更加繁荣,社会更加文明,环境更加优美,人民更加幸福!

　　(作者系江苏省人大工作理论研究会常务副会长,江苏省第十二届人大常委会秘书长、党组成员)

目录 Contents

导 论 / 1

第一章 党的领导是推进基层社会治理法治化的坚强保证 / 11
第一节 党的领导是基层社会治理法治化的根本原则和保障 / 12
第二节 苏州各级党委推动基层社会治理法治化的具体实践 / 19
第三节 党委领导推动苏州基层社会治理法治化的基本经验 / 29

第二章 政府负责是推进基层社会治理法治化的关键要素 / 39
第一节 政府负责在基层社会治理法治化中的重要价值 / 40
第二节 政府负责在推动基层社会治理法治化中的苏州实践 / 48
第三节 政府负责推动苏州基层社会治理法治化的经验启示 / 59

第三章 民主协商是推进基层社会治理法治化的重要方式 / 69
第一节 民主协商在基层社会治理中的独特价值 / 70
第二节 苏州基层社会治理法治化中的民主协商实践 / 76
第三节 民主协商推进苏州基层社会治理法治化的经验启示 / 86

第四章　社会协同是推进基层社会治理法治化的基本路径　/ 93

  第一节　基层社会治理法治化坚持社会协同的重要价值　/ 95
  第二节　苏州基层社会治理法治化坚持社会协同的实践做法　/ 103
  第三节　苏州基层社会治理法治化坚持社会协同的经验启示　/ 112

第五章　公众参与是推进基层社会治理法治化的基础环节　/ 121

  第一节　公众参与基层社会治理法治化的必要性和重要价值　/ 122
  第二节　苏州增强公众参与基层社会治理法治化的实践做法　/ 126
  第三节　苏州推动公众参与基层社会治理法治化的经验启示　/ 138

第六章　法治保障是推进基层社会治理法治化的必备条件　/ 147

  第一节　法治保障在基层社会治理法治化中的重大价值　/ 148
  第二节　苏州完善基层社会治理法治化法治保障的探索实践　/ 154
  第三节　苏州完善基层社会治理法治化法治保障的经验启示　/ 165

第七章　科技支撑是推进基层社会治理法治化的动力来源　/ 173

  第一节　科技支撑在基层治理法治化中的重大价值　/ 175
  第二节　科技创新助推基层治理法治化的苏州实践探索　/ 182
  第三节　科技创新助推苏州基层治理法治化的经验启示　/ 193

第八章　法治文明：基层社会治理法治化苏州样本的时代思考　/ 201

  第一节　坚持党的领导是法治文明建设的重要保证　/ 203

第二节　人民立场是法治文明建设的根本立场　　　/ 206

第三节　发挥地方人大作用是法治文明建设的关键所在　　　/ 209

第四节　构建基层社会治理共同体是法治文明建设的内在要求　　　/ 212

第五节　科学方法论是提高法治文明建设效能的基本条件　　　/ 215

第六节　建设社会主义整体文明是法治文明建设的目标导向　　　/ 219

后记　　　/ 221

导 论

一、研究背景

"法治力——基层社会治理法治化的苏州样本",聚焦基层社会治理法治化这一法治文明前沿课题,研究苏州解决推进基层社会治理法治化实际问题的探索实践,以苏州实践为样本进行案例研究,在总结经验的基础上,对基层治理法治化带有规律性的一些问题有所探讨,以图深化理论研究、促进实践创新。这是本书的主要任务。

苏州基层社会治理法治化的样本意义非常独特。苏州是中国特色社会主义成功实践的一个缩影。具有2500多年历史的苏州,在改革开放以来创造出"张家港精神""昆山之路""园区经验"这"三大法宝"。在8488.42平方千米热土上,苏州人民在中国共产党领导下,奋斗在高

> **苏州"三大法宝"**
>
> 张家港精神
> 昆山之路
> 园区经验

水平全面建成小康社会、开启社会主义现代化建设新征程上，勇当新时代高质量发展和社会主义现代化建设的"热血尖兵"，广大干群正以良好的精神状态、昂扬的奋斗姿态，努力再创一个激情燃烧、干事创业的火红年代。

早在1983年2月，改革开放总设计师邓小平同志来到江苏视察，对江苏干群改革开放的生动实践留下深刻印象。后来他以苏州发展变化为例，论证了实现小康的必要性和可能性。1992年年初，邓小平同志视察南方途经南京，提出"江苏应该比全国平均速度快一点"，为江苏发展鼓了劲。党的十六大对全面建设小康社会做出部署。在2003年3月全国"两会"期间，江泽民同志、胡锦涛同志先后参加江苏代表团审议，都对江苏明确提出了"率先全面建成小康社会、率先基本实现现代化"的"两个率先"要求。2009年，时任中央政治局常委、中央书记处书记、国家副主席的习近平在江苏调研时指出，"像昆山这样的地方，包括苏州，现代化应该是一个可以去勾画的目标"；2012年7月，习近平同志出席在苏州召开的第二届中非民间论坛

> 江苏应该比全国平均速度快一点。
>
> ——1992年2月20日，邓小平视察南方在南京停留时的讲话

开幕式，勉励江苏和苏州勇立潮头，当好排头兵，做出新的创业史。2013年3月8日，时任中共中央总书记、中央军委主席的习近平在参加十二届全国人大一次会议江苏代表团审议时，希望江苏干部群众始终把已经取得的成绩看作事业新的起跑线，按照率先全面建成小康社会、率先基本实现现代化的要求，不断开创各项工作新局面；2014年12月14日，中共中央总书记、国家主席、中央军委主席习近平在听取江苏省委、省政府工作汇报后，发表了重要讲话，明确提出，紧紧围绕率先全面建成小康社会、率先基本实现现代化的光荣使命，协调推进全面建成小康社会、全面深化改革、全面推进依法治国、全面从严治党，努力建设经济强、百姓富、环境美、社会文明程度高的新江苏。习近平总书记在江苏考察中第一次系统提出"四个全面"，第一次系统提出建设"强富美高"新江苏。总书记的江苏之行意义非凡，"四个全面"战略布局由此形成，建设"强富美高"新江苏、指导江苏地方发展的蓝图由此描绘。习近平总书记特别强调，"为全国发展探路是中央对江苏的一贯

"四个全面"

全面建成小康社会
全面深化改革
全面推进依法治国
全面从严治党

"强富美高"

经济强
百姓富
环境美
社会文明程度高

要求","发展走在前面的地方应该先行探索"。习近平总书记要求江苏"在扎实做好全面建成小康社会各项工作的基础上,积极探索开启基本实现现代化建设新征程这篇大文章"。

"法治力——基层社会治理法治化的苏州样本",是苏州市人大常委会研究室与苏州大学马克思主义学院合作共建"地方人大理论与实践研究院"成立以来开展的两个课题之一。根据苏州市人大常委会及其研究室领导对课题研究工作的部署,由校地合作共建的"地方人大理论与实践研究院"牵头,组织了苏州大学马克思主义学院、江苏省中国特色社会主义理论体系研究中心苏州大学基地、苏州大学马克思主义政党与国家治理研究团队、社会主义现代化与苏州实践研究院、苏州大学基层党建研究所、苏州大学廉政建设与行政效能研究所、苏州大学马克思主义理论学科博士后(科研)流动站等方面的研究人员进行调查研究、集体攻关。调研和研写后期,由于遇到疫情带来的诸多不便,研写工作的时间延长了个把月。在抗疫宅家、居家办公、线上教学的同时,课题组的同志们也比较容易聚精会神研写书稿。书稿研写是一个边学习、边研究的过程,我们一边观察审视在疫情防控中经受考验的苏州基层治理法治化,一边把苏州推进基层治理法治化的法治文明鲜活案例带进课堂,这使我们体验到教学相长、教研相长、研用相长的获得感。用身边的中国特色社会主义生动实践案例去分析论证中国特色社会主义"四个自信",对于服务国家战略和地方经济社会发展,对于高校思政课程与课程思政协同创新,对于加强马克思主义理论学科人才培养特别是高校思政课教师后备人才培养,对于深化省市校共建马克思主义学院,等等,都具有重要价值。

二、问题导向

建设"强富美高"新江苏,其中的"高"即"社会文明程度高",理所当然包括社会治理法治化程度。推进基层社会治理法治化,是贯彻中国特色社会主义"五位一体"总体布局和"四个全面"战略布局的内在要求,是坚持和发展中国特色社会主义制度、推进国家治理体系和治理能力现代化的题中应有之义,是苏州探路法治文明建设的创新实践。

苏州推进基层社会治理法治化,探路法治文明建设,在实践中已解决了及将要解决哪些问题?本书以苏州探路创新实践为样本进行研究要探讨和解答哪些问题?顺着问题逻辑的指引,我们不妨从"文明"这个概念说起。

这本书取名为《法治力——基层社会治理法治化的苏州样本》,就绕不开"文明"这个大概念。按照包容性比较大的理解,文明是人类社会发展进步过程和结果的总和。人类社会各种文明体所进行的丰富实践探索,各民族各国日益频繁而又屡遭挑战的相互交往交流交融,国内外各种流派众多学者对人类文明所进行的研究,使我们能够从诸多文明实践成果和理论研究成果中领略到文明的多样性。《文明的冲突》《文明的共存》《文明的危机》等各种著作纷纷抛出自己的观点和主张,全球治理和人类发展所面临的重大机遇和严峻挑战的各种事实,引发人们深入思考人类文明的未来走向;人类文明所创造的诸多奇迹、所经历的各种劫难,包括当前仍是进行时的抗击新冠肺炎疫情的世界"战疫",都时不时使人类文明观面临乐观和悲观的前瞻求索和追问反思!当代中国,依托中华民族形成和发展过程中具有5000多年文明史积淀的深厚底蕴,依托当代为实现中华民族伟大复兴而奋斗的生动实践,中国特色社会主义道路、理论、制度、文化等正呈现出勃勃生机和光明前景。无论是从抽象上升到具体,还是从具体上升到抽象,我们都必须直面一个现实课题,这就是:怎样才能使人民生存、生活得更加美好?

文明史告诉我们,人的自身发展、人类社会的进步(人类社会建设、社会发展、社会治理的进步)、人和人类创造物的演变,都是在一定的或治或乱、治乱并存、由乱而治的社会秩序中进行的,人生来就置身于自然所设定的秩序中,人类及其生活、生产活动本身又构成了一种社会秩序。社会治理是维持和优化社会秩序的必然要求,社会治理是伴随着人类社会产生而产生的,也是随着人类社会发展而发展的。按照马克思恩格斯的科学研究所揭示的基本原理,人类社会是一个有机体,这个有机体既是一个整体,又是由许许多多具体所构成的。无论是整体还是具体,在时间和空间上,在各种生产生活要素的配置上,都要遵循自然规律、社会规律、思维规律。规律是最基础也是最高贵的规则,是最宽容也是最权威的法则。全人类都面临共同的课题:如何更好地进行全球治理和区域治理?全球治理与区域治理如何更好地衔接和协同?

就区域治理而言,客观上要解决如何更好地进行国家治理、城市治理、社区治理等的问题。就一个城市而言,如何进行及更好地进行治理(包括城乡基层社会治理)?如何优化基层社会治理体制机制、优化基层治理资源配置?如何实现基层社会治理职能定位、功能实化、效能优化的统一?如何把国家制度优势、社会制度本质转化为各层面的治理效能?基层社会治理,把问题具体化了。基层社会治理处于社会治理第一线、最前沿,从这个意义上说,基层社会治理是根端治理、前沿治理,是一定范围内居民群众及其他行为人直接参与的治理,也是共建共治,共享获得感、安全感、幸福感,体验性最强最直接的治理。古今中外的治理实践表明，无论是治理过程还是治理结果，都要合规律！根据人们对各种规律或多或少的掌握和或深或浅的理解，一定范围的人们在社会实践中又探索形成了社会习俗，进而将其发展为社会道德、法律等秩序规则、社会软硬规范。大大小小的治理单元必须回应和解决一系列现实课题：社会治理如何以德治理，使治理过程和结果合乎道德？如何依法治理，使治理过程和结果合乎法律？如何把以德治理、依法治理、科学治理、民主治理有机统一于基层社会治理实践中？如何使治理过程和结果合乎规律、合乎民心？简而言之，具体到基层社会治理，如何使治理过程和结果合乎道德、合乎法律、合乎规律、合乎民心？这些问题构成了一个问题群、问题阵。在这一系列问题中，有一个具有法治文明建设枢纽性抓手的问题，即基层社会治理法治化。

三、实践指向

宪法规定，中华人民共和国实行依法治国，建设社会主义法治国家。党的十八大以来，全面依法治国纳入中国特色社会主义"四个全面"战略布局，构成新时代坚持和发展中国特色社会主义基本方略的重要内容。习近平指出，要坚定不移走中国特色社会主义法治道路。他在关于《中共中央关于全面推进依法治国若干重大问题的决定》的说明中强调："坚持党的领导，坚持中国特色社会主义制度，贯彻中国特色社会主义法治理论。"这三个方面实质上是中国特色社会主义法治道路的核心要义，规定和确保了中国特色社会主义法治体系的制度属性和前进方向。

中华人民共和国成立以来特别是改革开放以来，中国共产党在领导人民治国理政实践中，通过总结经验教训，先后提炼总结并创造性地提出"有法可依、有法必依、执法必严、违法必究","科学立法、严格执法、公正司法、全民守法",党"领导立法、保证执法、支持司法、带头守法",丰富和发展了社会主义法治理念和依法治理实践。在协同推进法治国家、法治政府、法治社会建设实践中,基层社会治理法治化,是参与性最强、共建共治共享面最大的全民实践。就其广泛性、普遍性、共益性而言,就社会主义现代化强国对包括法治化在内的中国特色社会主义现代性塑造和丰富的客观要求而言,人人都是基层社会治理法治化的主体。

基层社会治理法治化的生动实践,使得每一个社会成员的主体性及主体的现代性都在法治化进程中经受考验的同时,也得到不同程度的彰显。这种社会成员作为社会治理主体的现代性,理所当然地包括对法律的尊崇、遵守、维护的自觉性和坚定性,包括运用法治思维和法治方式解决冲突纠纷的自觉性和坚定性,包括依法履行义务、行使权利、合法运用权力的自觉性和坚定性。对于拥有十四亿人口的社会主义中国而言,基层社会治理法治化事关国家和社会改革发展稳定全局,事关国家长治久安。对于苏州而言,基层社会治理法治化,直接关系到1400万居民的安居乐业,直接关系到市域高质量发展的营商环境,直接关系到向现代化挺进的社会生态。

苏州的实践证明,站在基层社会治理法治化基阶上仰观瞭望法治文明,站在法治文明的高度考察审视基层社会治理法治化,有一个聚焦点,就是通过基层社会治理法治化实践,促进每个人知法、懂法、尊法、守法、用法、护法。习近平在党的十九届四中全会上系统提出完善党委领导、政府负责、民主协商、社会协同、公众参与、法治保障、科技支撑的社会治理体系,对完善社会治理体系做出部署,也为我们进一步推进基层社会治理法治化指明了方向。本书针对苏州推进基层社会治理法治化实践中坚持党委领导、政府负责、民主协商、社会协同、公众参与、法治保障、科技支撑的实践做法及其成效,进行了理论联系实际的分析研究,但愿这一尝试对深化基层社会治理法治化能够发挥一定的咨政资治作用,对于锻炼团队成员在实际调研和学术研究中不断增强眼力、脑力、脚力、笔力发挥实践育人作用。

基层社会治理法治化,是一个法治素养习得、付诸行动的过程和结果;是一个进行法治训练、强化法治意识和法治能力,进而巩固和发展法治自觉的实践。在基层社会治理法治化实践中,一个人、一群人、一个组织,只有在外在他律和内修自律的有机统一中不断提高自身的法治文明素养,践行真善美的价值观,才能使自己把人类发展过程中残留的劣根性、野蛮性降低到最低限度,才能使自己随着人类社会发展潮流把社会文明要求、文明进步需求、个体文明追求转化为向上向前向善的文明性锻造实践。从这个意义上看,人的现代化、人的文明性的丰富,对于社会全面进步和促进人的自由而全面发展,对于人的解放和人类的解放都具有深远的意义。法治,在限制人的自由的同时保障着人的自由。基层社会治理法治化仍然有许多深层次问题值得我们进一步探讨,法治文明乃至社会整体文明建设,路漫漫其修远兮,吾将上下而求索!

第一章

党的领导是推进基层社会治理法治化的坚强保证

党的十八届四中全会将"推进基层治理法治化"作为加强和改进党对全面推进依法治国的领导的重要组成部分,提出"全面推进依法治国,基础在基层,工作重点在基层。发挥基层党组织在全面推进依法治国中的战斗堡垒作用,增强基层干部法治观念、法治为民的意识,提高依法办事能力"[1]。基层是具体落实党中央方针政策的最前线,是加强党和群众联系的广泛平台。近年来,在各级党委领导下,苏州基层治理取得重大进展,特别是在治理的法治化方面取得了长足进展,推动治理的有序化、规范化开展,成为苏州基层社会治理建设中一个鲜明的亮点。

---

[1] 中共中央关于全面推进依法治国若干重大问题的决定[N].人民日报,2014-10-29(1).

第一节　党的领导是基层社会治理法治化的根本原则和保障

"党政军民学,东西南北中,党是领导一切的,是最高的政治领导力量,各个领域、各个方面都必须坚定自觉坚持党的领导。"[1]党的领导,既是全面的,又是彻底的,既涵盖社会各领域各行业,又切实扎根基层,深入基层。基层依法治理,推进基层社会治理法治化,是党领导推进依法治国的基础,是一项全方位的工作,涉及组织工作、群众工作。党的强有力领导是推进基层社会治理法治化的根本政治保证。

一、坚定党的领导地位不动摇

党的领导地位是在长期革命建设过程中形成的。党来自人民,服务人民,党的根本宗旨是为人民服务,这使得党与群众保持了天然的紧密关系。在推进基层社会法治化时,要毫不动摇坚持党的领导地位,切实将基层社会治理法治化作为各级党委推动基层管理和基层服务的重要工作。

首先,要实现党对基层社会治理法治化从组织部署到具体实施的全过程全方位领导。基层社会治理法治化,是一项系统而又细致的全方位工作,囊括了依法治国、基层治理、党建等一系列重大政治任务。党的十九届四中全会提出,要完善基层群众自治组织、社会组织等制度,健全各级党委(党组)工作制度,确保党在各种组

---

[1]中共中央宣传部.习近平总书记系列重要讲话读本(2016年版)[M].北京:学习出版社,人民出版社,2016:102.

第一章 党的领导是推进基层社会治理法治化的坚强保证

织中发挥领导作用。[1]党的全面领导是中国特色社会主义的最本质特征,社会各行业、各领域都需要接受党的指导和政策引领。实现基层社会治理法治化,是巩固党的执政地位、加强党的依法执政能力、构建法治中国的基础性举措,也是党实现依法治国的重要保证。要充分重视党的治理法治化的落实机制建设,推动依法治国和法治中国理念得到广大基层和党群的积极响应。

其次,要坚决贯彻落实上级党委部署不松懈,认真落实党中央和各级党委部署安排,强调组织执行力。党中央对推进基层治理和实现基层社会治理法治化高度重视,进行了统一部署。贯彻和落实党中央部署,是各级党委、党组织的重要政治任务。苏州作为县域经济十分活跃的经济大市,各地具体情况不尽相同。同时,基层党组织数量较多,建设程度也不尽相同。这些给党的统一指挥、统一部署提出了巨大挑战。要充分发挥各级党委的集中统一领导,增强"四个意识",琢磨透、研究好中央精神,

"四个意识"

政治意识
大局意识
核心意识
看齐意识

---

[1] 中共中央关于坚持和完善中国特色社会主义制度 推进国家治理体系和治理能力现代化若干重大问题的决定[N].人民日报,2019-11-06(6).

结合各地实际情况，计划好、安排好、统筹好、保障好，将党的全面领导、依法治理和基层发动紧密结合，基于各党委所在地区实际情况，因地制宜，切实保证基层社会治理法治化平稳全面推进。

最后，要充分发挥各级党组织战斗堡垒作用，推动社会治理法治化在基层落地生根。习近平总书记在十九届中央纪委四次全会上指出："要督促落实全面从严治党责任，切实解决基层党的领导和监督虚化、弱化问题，把负责、守责、尽责体现在每个党组织、每个岗位上。"[1]基层党组织是党的方针政策落实的第一线，也是党与群众加强血肉联系的第一线。实现党的基层依法治理，不仅要做好顶层设计，也要做好具体落实。党的十八届四中全会提出，要"加强基层法治机构建设，强化基层法治队伍，建立重心下移、力量下沉的法治工作机制，改善基层基础设施和装备条件，推进法治干部下基层活动"[2]。要充分重视基层党组织的关键作用，全面保证党的领导力、组织力、执行力贯通法治化建设始终，贯通从中央到基层各级，让全党形成依法治国的统一整体，让基层成为实现社会治理法治化的第一线和保障线。

二、党为基层社会治理法治化提供科学保障

加强党在提升基层社会治理法治化中的领导，不仅是实现依法治国的现实需要，也是保证基层社会法治化科学性的需要。长期以来，特别是党的十八大以来，党将依法治国和基层建设作为重大的必要性、紧迫性任务，做出了一系列重大部署，为构建基层社会治理法治化提供了系统全面的理论依据，提供了科学的方

---

[1]一以贯之全面从严治党强化对权力运行的制约和监督　为决胜全面建成小康社会决战脱贫攻坚提供坚强保障［N］.光明日报，2020-01-14（1）.

[2]中共中央关于全面推进依法治国若干重大问题的决定［N］.人民日报，2014-10-29（1）.

第一章　党的领导是推进基层社会治理法治化的坚强保证

法论和认识论指导。

首先，党为基层社会治理法治化指明了科学方向。习近平总书记指出："治理和管理一字之差，体现的是系统治理、依法治理、源头治理、综合施策。"[1]建设什么样的基层社会治理法治化，是首先需要阐释清楚的问题。习近平总书记在党的十九大报告中，明确全面推进依法治国总目标是建设中国特色社会主义法治体系、建设社会主义法治国家。同时还指出，要巩固基层政权，完善基层民主制度，严肃、严格党内政治生活，坚持"三会一课"制度，推进党的基层组织设置和活动方式创新，扩大党组织覆盖面，着力解决一些基层党组织弱化、虚化、边缘化问题，扩大党内基层民主。在党的十九届三中、四中全会中，党又提出了关于基层社会治理法治化的具体部署，以及发挥社会主义制度优势，将制度优势转化为制度效能的总体指引，为基层社会治理法治化提供了明确方向。

其次，党为基层社会治理法治化确定了科学路径。如何实现基层社会治理法治

> "三会一课"
>
> 支部党员大会
> 支部委员会
> 党小组会
> 党课

---

[1] 中共中央宣传部. 习近平总书记系列重要讲话读本（2016年版）[M]. 北京：学习出版社，人民出版社，2016：224.

化,这是摆在各级党委党组织面前的一个问题。十九届三中全会指出:"要统筹优化地方机构设置和职能配置,构建从中央到地方运行顺畅、充满活力、令行禁止的工作体系,中央加强宏观事务管理,地方在保证党中央令行禁止前提下管理好本地区事务,赋予省级及以下机构更多自主权,合理设置和配置各层级的机构及其职能,增强地方治理能力,加强基层政权建设,构建简约高效的基层管理体制。"[1]习近平总书记围绕依法治国、乡村治理、基层建设等,进行了详细论述,为如何推进基层社会治理法治化提供了丰富的理论资源,成为基层社会治理法治化工作的基本遵循、基本原则、基本思路。

最后,党为基层社会治理法治化提供了科学统筹。党统领全局,既体现在方向方法上,也体现在实际工作中。推进基层社会治理法治化,要求各级党委在思想意识上高度重视,在政策上积极响应,更要求在现实中认真贯彻实施。在实际推进过程中,既需要党在政策和理念方面提供总体思路、具体构想,也需要党整合和利用党内和全社会资源,根据推进基层社会治理法治化的实际需求,以及本地区实际情况,充分调动人员、资金、制度、设备等条件,部署好人力、物力、财力,扮演好设计者、指挥者、执行者、宣传者的多重角色,将党在推进基层社会治理法治化中的全面领导和主导作用充分体现出来,实现制定方法与组织落实的统筹、资源配置与体系建设的统筹、实际需求与具体建设的统筹。

三、党委统筹推动基层社会法治、德治、自治有机统一

党的十九届四中全会强调,要"健全党组织领导的自治、法治、德治相结合的城乡基层治理体系,健全社区管理和服务机制,推行

---

[1] 中国共产党第十九届中央委员会第三次全体会议公报[N].人民日报,2018-03-01(1).

第一章　党的领导是推进基层社会治理法治化的坚强保证

网格化管理和服务,发挥群团组织、社会组织作用,发挥行业协会商会自律功能,实现政府治理和社会调节、居民自治良性互动,夯实基层社会治理基础"[1]。构建法治、德治、自治有机统一的治理体系,是将依法治国、以德治国、基层治理等相融通,遵循多元化的治理理念,实现更加理想的治理结果。如何将三者合一,对于党委来说,是一项重要的考验。

一方面,要充分发挥党在推动基层社会法治、德治、自治中的协调作用。法治、德治、自治,是三种不同的治理理念,如何将三者理顺,成为党的治理理念,是一项具有重大创新意义的课题,涉及对治理主体、治理对象的重新架构。法治、德治,是党运用人民赋予的权力,促进依法治国、以德治国的统一。而自治,则是发动广大群众,在城乡社区中实现自我管理。与前两者相比,一个治理主体是人民,一个治理主体是党。如何让它们实现有机结合,需要认真加以思考。党的十八届四中全会指出,要"深入开展多层次多形式法治创建活动,深化基层组织和部门、行业依法治理,支持各类社会主体自我约束、自我管理。发挥市民公约、乡规民约、行业规章、团体章程等社会规范在社会治理中的积极作用"[2]。可见,要协调好法治、德治、自治,涉及司法部门、政府部门、党的纪律监督部门和广泛的社会民间组织,就必须由党全面协调和推动。党既是法治和德治的实施者,又是基层社区自治的组织者。要在治理过程中,统筹好"三治"的具体流程,理顺关系,严密衔接,不留治理真空。

---

[1]中共中央关于坚持和完善中国特色社会主义制度　推进国家治理体系和治理能力现代化若干重大问题的决定[N].人民日报,2019-11-06(6).

[2]中共中央关于全面推进依法治国若干重大问题的决定[N].人民日报,2014-10-29(1).

另一方面,要充分发挥党在推动基层社会法治、德治、自治中的引导和监督作用。将基层社会法治化作为社会主义民主政治的重要工作,推动社会主义民主政治法治化不断成熟。党的十八届四中全会指出,要"完善和发展基层民主制度,依法推进基层民主和行业自律,实行自我管理、自我服务、自我教育、自我监督"[1]。要依靠群众、相信群众,将基层的事交由群众自己处理、自己监督。党要对法治和德治过程中的权力运行情况予以自我监督,及时引导基层群众正确理解基层自治的含义和方式,规范自治流程和自治范围,"要把党委(党组)全面监督、纪委监委专责监督、党的工作部门职能监督、党的基层组织日常监督、党员民主监督等结合起来、融为一体"[2]。要善于运用人民权力,将权力重新规划,优化配置,疏通群众的意见反映渠道,自觉接受群众监督,既诠释好民主集中制,又凸显党的领导地位,体现党主导构建、党自我监督和群众监督相结合的"三治"监督体系的要求,将"三治"作为基层社会治理法治化的主要依托。

---

[1] 中共中央关于全面推进依法治国若干重大问题的决定[N].人民日报,2014-10-29(1).

[2] 一以贯之全面从严治党强化对权力运行的制约和监督 为决胜全面建成小康社会决战脱贫攻坚提供坚强保障[N].光明日报,2020-01-14(1).

第二节　苏州各级党委推动基层社会治理法治化的具体实践

党委是基层社会治理法治化的带头人,是基层社会治理法治化的掌舵者。苏州市党委在探索城市基层党建的工作实践中,基于苏州社会及基层总体情况,瞄准基层社会治理法治化目标,总结出基层社会治理法治化的原则思路。苏州是改革开放的前沿阵地,经济社会高度开放,基层社会治理法治化水平较高,体制建设较为完善。近年来,苏州市各级党委高度重视基层社会治理法治化建设,全方位提升基层社会治理法治化水平,形成了适应苏州本地发展情况和需求、具有苏州特色的基层社会治理法治化新路子。

一、党建引领苏州基层社会治理法治化

苏州是全国城市基层党建示范市。在全市基层党建引领下,苏州市全面开展基层治理建设工作,以科学理论为指导,认真学习贯彻习近平新时代中国特色社会主义思想,特别是习近平对江苏的重要指示精神。以党建为抓手,通过形式多样的工作,做强做优基层党组织,发挥党组织法制引领作用,提升本基层单位的法治氛围,加快了苏州基层社会治理法治化的建设进程。

首先,推动提升基层社会治理法治化观念。充分提升居委会工作人员在内的社区工作人员的法治化观念。社区工作人员是基层治理法治化的主要宣传者、落实者,苏州市相关部门通

过组织全市基层调研，通过加强党建，切实提升基层法治观念，加深法治意识，实现基层社会治理党建的人员和组织准备。苏州市法宣办、司法局及各市、区结合民主法治示范村（社区）创建工作，开展村规民约、市民公约梳理修订完善工作，认真实施法治乡村建设三年行动计划，扎实开展体系完善、基础强化、惠民服务、载体优化"四大行动"，充分调动苏州深厚的人文底蕴、非物质文化遗产等文化资源，打造法治文化活动精品，让法治观念与地域文化紧密融合，深入人心，形成党群呼应、社会共同营造的良好法治化氛围。

其次，加强基层党建组织框架设计。苏州市按照《关于加强新时代城市基层党建工作的意见》要求，设立城市基层党建专委会，定期研究城市基层党建工作，健全街道"大工委"、社区"大党委"运行机制，全面提升基层社会治理的体系化、条块化进程，提升治理效率，在强化基层党组织统揽协调能力的同时，优化法治化治理框架。增强基层党工委人事协管权、对事关群众利益的重大决

> **链接**
>
> 江苏省委全面依法治省委员会办公室、省委组织部、省委宣传部、省司法厅、省民政厅、省农业农村厅联合出台《江苏省法治乡村建设三年行动计划》，决定从2019年到2022年，全省建成"百"个法治乡村建设示范村、"千"个法治乡村建设品牌村、"万"个法治乡村建设标准村，努力实现涉农法律制度更加完善，乡村公共法律服务更加完善，农村执法质量明显提高，干部群众尊法学法守法用法自觉性明显提高，乡村治理法治化水平明显提高的"两完善三提高"任务目标，为建设"强富美高"新江苏、谱写江苏农业农村发展新篇章筑牢坚实的法治基础。
>
> ——《江苏实施法治乡村建设三年行动计划》，法润江苏网，2019年9月27日，略有改动

第一章　党的领导是推进基层社会治理法治化的坚强保证

策和项目的建议权、对涉及街道规划布局的参与权和对涉及街道公共事务的综合管理权，强化对以上相关工作的法治化覆盖。

最后，以党建推动法治化融入治理过程。将法制理念和法治理念深入贯彻到基层党组织的所有工作之中，营造塑造法治化基层党组织的氛围。引导基层工作人员学法、懂法、用法，在工作中亲身实践，让基层社会治理符合程序化、规范化、透明化、民主化，让每一个基层部门都成为彰显法治、宣传法治的窗口，让每一个党员都成为尊法、用法的典范，让群众体会党中央推动实行法治化治理的决心及基层执行法治化理念的决心。苏州市司法局与苏州市依法治市办、民政局协同，在全市范围开展指导和考核，推动各级党委、政府创建"民主法治示范村（社区）"，建立普法工作网络和便民服务窗，形成法治化网络，真正实现基层治理法治化广渗透。

二、党委确立苏州基层社会治理法治化工作目标定位

基层社会治理法治化，是基层治理和依法治国的重要实践，也是一项创新性探索。定好方向，把好重心，摸索出一条正确的实践之路，事关基层治理法治化整体效果。近年来，在市委坚强领导下，苏州基层社会治理法治化工作目标明确、贯彻坚决、成效显著。苏州市委为基层社会治理法治化定方向、定路子、定调子，为取得显著成果提供了坚实的方向保证。

首先，认真贯彻、落实和制定精神政策，确保苏州基层社会治理法治化紧跟要求。苏州全市认真落实《关于加强和完善城乡社区治理的意见》《关于加强乡镇政府服务能力建设的意见》，江苏省委"苏州会议"重要精神，以及基层党建

> **"五聚焦五落实"**
>
> 聚焦基本组织，把党的全面领导落实到基层
>
> 聚焦基本队伍，把党的坚强力量落实到基层
>
> 聚焦基本活动，把党的号召要求落实到基层
>
> 聚焦基本制度，把党的纪律规矩落实到基层
>
> 聚焦基本保障，把党的关心服务落实到基层

"五聚焦五落实"要求，制定印发了《关于加强新时代城市基层党建工作的意见》《关于加强社区工作者队伍建设的实施意见》《关于进一步完善社区党组织书记激励保障机制的若干措施》等一系列加强基层党建工作的文件。苏州市是全国较早提出和推进法治型组织和法治城市建设的城市。苏州市委2018年起陆续起草出台了《贯彻落实党的十八届四中全会决定和省委意见全面推进法治苏州建设的实施意见》《关于建设法治型党组织的意见》等文件，苏州市政府制定了《苏州市法治政府建设指标体系》，明确提出"党要管党、依法依规，分类建设、整体推进，立足实际、务实求效"，为基层社会治理法治化提供了基本原则。

其次，系统把握苏州基层实际情况，确保苏州基层社会治理法治化紧跟社会发展。苏州市是经济大市，开放化程度高，文化积淀深厚，推进基层社会治理法治化具有良好基础。苏州市委和各级党政部门基于本地情况，召开苏州法治政府建设暨强化基层依法行政工作会议，强调坚持党的领导，在党委领导下，谋划和落实好法治政府建设的各项重要任务，

第一章　党的领导是推进基层社会治理法治化的坚强保证

依法全面履职,加快政府职能转变,深化行政改革和"放管服"改革。切实履行法治政府建设责任制,着力推动基层治理法治化深入街道社区,走进千家万户。苏州工业园区各级街道社区党工委,探索社会治理现代化改革,明确社会治理职能分工,做好巡查走访、事中处理服务、事后监督指导和总结调研,各街道和社区部门严格按照分工要求,做好指挥调度、综合执法、便民服务三中心有机结合,切实整合机构设置,实现治理机制扁平化,法治管理亲民化。

最后,充分调研基层群众呼声,确保苏州基层社会治理法治化紧跟群众需求。苏州市各级党委、人大等机关部门,结合"六个一"基层走访,充分调研社情民意,为社会治理法治化提供有力指导。苏州市人大常委会近年出台多项法律,涵盖文化及名城保护、生态治理、安全生产、用房居住等多个领域,保民生,促发展,听取基层民众声音,履行监督职责。苏州各地方党委精心加强基层治理法治化布局,收到良好效果,取得群众良好反响。苏州市姑苏区立足民生诉求,强化基层社会管理,获得全国和谐

"六个一"

收集一批社情民意
促进一批企业创新
推动一批项目建设
化解一批矛盾问题
总结一批基层典型
完善一批政策措施

社区建设示范区、全国社区治理和服务创新实验区、江苏省"平安区"六连冠等荣誉。2020年1月,姑苏区召开"社区治理和服务创新姑苏推进会",发布2019年全区美好社区发展指数报告,获得社会强烈反响。

三、党政机关各尽其责协同落实推动苏州基层社会治理法治化

基层社会治理法治化,重点在设计,关键在执行。推动基层社会治理法治化,需要顶层科学设计,需要党员坚决执行,也需要党政部门合力推动。苏州通过党建治理,形成了"一核两化、三方共建、四级联动"的工作体系,坚持街道社区党组织领导核心和区域化、网格化党建,要求"街道社区党建、岗位党建、行业党建共驻共建、互联互动",市、县级市(区)、街道、社区党组织四级联动体系全面建立。近年来,苏州市充分发挥全市互联互动机制,充分发挥机关部门共建优势,推动基层社会治理法治化取得实质性进展。

苏州市委印发了《关于加强新时代城市基层党建工作的意见》《关于加强社区工作者队伍建设的实施意见》《关于进一步完善社区党组织书记激励保障机制的若干措施》等文件,推动城市基层党建"1+N"制度体系的建立。在文件中,明确街道社区党组织的重大职责,强调在城市治理过程中的政治引领、组织引领、能力引领和机制引领"四个引领"功能,切实提升基层跨领域、跨地区互联互补互动能力,形成社区治理强大合力,强化治理能力、形式和制度创新,提高责任感、使命感,增强基层社会治理法治效力。文件指出,各地各相关部门要加强指导监督,强化责任宣传落实,密

第一章　党的领导是推进基层社会治理法治化的坚强保证

切协作配合，确保各项措施落到实处，大力宣传爱岗敬业、开拓创新、廉洁奉公的社区工作者典范，营造良好的社会氛围。

苏州市人大常委会赴苏州各地密切开展执法工作调查、环境工作调查和重点项目调查，加大工作力度保障全市基层治理法治化有序推进。近年来，人大常委会相关部门结合苏州经济社会发展实际需求，针对社会民众呼声较高的问题，加强监督力度，切实推动基层社会治理法治化做实做优。各县级市、区赴社区考察网格化治理状况，调研基层立法联系点，召开基层人大工作座谈会，调研街道工作，组织社区治理法治化专题讨论等，以细致、到位的工作推动苏州基层社会治理法治化做出实效，形成气候。苏州市委组织部等部门强化苏州党风廉政建设，组建干部监督"三员"队伍，即地方选派督导员、行业（系统）选聘监督员、单位选用联络员，构建立体、开放、高效的干部监督网络，强化基层街道社区党员法治效果。同时，在苏州市委部署下，在全市广泛推动"行动支部"建设，全面增强基层党组织的

链接

通过姑苏区等地一年时间的试点探索，2018年4月，苏州市委组织部印发《关于创新基层组织设置和活动方式推广"行动支部"工作法的实施办法》，要求把创新组织设置作为前提、把开展有效行动作为关键、把落实基本制度作为基础，让每个支部都围绕中心工作、重大任务行动起来。数月下来，全市基层党组织围绕乡村振兴、社会治理创新等12项重点工作，创新组建了3000多个"行动支部"。这些支部充分发挥战斗堡垒作用，冲锋在重大任务一线，为推动苏州高质量发展提供了坚强组织保证。

——《重大任务一线筑堡垒——苏州全面推广"行动支部"工作法》，《中国组织人事报》，2018年9月3日，略有改动

政治功能，提升组织力，加强基层组织、支部自身建设，在基层一线建设支部，使之成为法治化的先锋队。苏州市民政局利用"六个一"基层走访调研，通过面对面走进群众、感知群众、了解群众，围绕走访中发现的带有普遍性、集中性的问题，特别是涉及社会救助、养老待遇、优抚安置、基层民主自治等方面的问题，提出改进工作作风的系统意见。苏州市司法局在全市范围针对形式主义开展专项整治，减轻基层负担，提升治理效能。张家港市建立"一套制度"，主要包括村规民约、村民自治章程及其实施细则范本；抓住"两个主体"，即村干部和村民，其思想解放程度决定了村民协商自治工作的高度；梳理"三份清单"，即《村民协商自治工作清单》《村委会协助政府工作清单》《村民议事清单》；明晰"四个关系"，即处理好村党组织、村委会、村民议事会、村务监督委员会四者关系；发挥"五个作用"，即发挥村民协商自治组织村规民约的宣传员、矛盾纠纷的调解员、村民利益的服务员、村务管理的议事员、执行村规的监督员的作用；落实"六个步骤"，即一般事项由村民议事会内部议事协商，通过建议、提议、决议、备案、公开、实施等步骤，对相关事项做出决定，重大事项通过建议、提议、审议、决议、公开、实施这六个步骤，全程贯彻四议两公开民主决策程序，保证一般事项的及时高效处理，重大事项的决策程序合法、合规。吴江区通过强化依法行政、遵循程序、孵化村规等，探索将善治作为建设法治型党组织的出发点和着力点，打造基层治理法治化的"吴江样本"。

四、发挥党组织党员模范带头作用

苏州市充分发挥党组织的战斗堡垒作用和党员战斗模范作用，

第一章 党的领导是推进基层社会治理法治化的坚强保证

通过"海棠花红"城市基层党建先锋阵地建设,推动基层法治化建设,切实将党组织建设、基层建设和法治建设紧密结合,有机统一,诠释市委领导下苏州党组织党员共同履行法治化治理的良好局面。

首先,推进先锋阵地建设。推动阵地化建设是新时代党的组织体系建设的重要内容,依托有形阵地开展有效教育、提供有效服务,把党员群众和各类组织团结凝聚在党的领导下统一行动。2018年7月,苏州市委组织部发布了"海棠花红"先锋阵地群规范化建设的要求,明确了先锋阵地群的总体定位、阵地功能、实施范围,全市47家单位被命名为首批苏州"海棠花红"先锋阵地。苏州市依托先锋阵地这一有形载体,发挥党组织的政治优势、组织优势、群众优势,统筹协调各类组织、各方资源、各种力量,形成合力,使党群服务中心成为党建引领基层社会治理的枢纽,助推新时代党建引领、共建共享治理模式的建立。

其次,依靠网格化建设,提高党组织工作效能。苏州市委、市政府高度重视网格化建设,善于充分利用网格化建设,真正发挥基层治理效能。苏州市委、市政府推广吴中区"网格化"模式和经验,将网格化联动机制和基层治理融为一体,并将其作为基层"大排查、大整治"重要内容。苏州市委推动全市基层按照"标准化、制度化、网格化、法治化"要求,不断诠释苏州基层治理新内涵、新内容。致力于打造苏州基层社会治理品牌化建设,以吴中区为先行试点,在全市基层展开全面建设,各级组织党政"一把手"亲自抓,切实落实责任制,制定适合本地区实际的网格化系列工作体制、流程,切实提升基层社会治理法治化的建设效果,强化第一责任人职责,各级组织分级负责、条块结合、齐抓共管,切实从体制、机制、成效上,将基层社会治理法治化真正落实。

最后，加强党的组织建设，强化基层党员骨干队伍。按照《关于加强新时代城市基层党建工作的意见》要求，城市基层党建骨干建设纳入干部人才队伍建设总体规划。街道组织委员专职从事党建工作。充实社区党务工作者力量，至少配备1名专职党务工作者。实施发展党员"源泉工程"，提档升级党员积分管理制度，探索党内关怀的有效举措。加强社区离退休党员管理服务，探索"一方隶属、多重管理"党建工作机制。苏州市委和市政府相关部门，认真制定党组织和党员激励机制，强调组织和党员责任同法治化治理要求融合，从认知上自我坚定法治立场，在行为上自我落实法治工作，在生活中积极宣传法治化，将中央、省委和市委要求落实到个人，打造从个人、组织、基层再到社会的全方位多层次法治化落实机制。

第一章　党的领导是推进基层社会治理法治化的坚强保证

第三节　党委领导推动苏州基层社会治理法治化的基本经验

卓有成效地开拓具有苏州特色的基层社会治理法治化之路,是苏州各级党委和基层社会治理工作者把党中央和省委部署要求同苏州实际有机结合的生动实践。

一、传达贯彻与因地制宜相结合

坚定不移贯彻党中央方针,是各级党委党组织的政治要求和政治纪律,也是工作中心。党中央和习近平总书记对基层社会治理和法治建设高度重视,对广大基层党委和党组织提出了一系列要求。而要贯彻好党中央和习近平总书记的相关要求,对各级党委和党组织充分理解相关精神、方针,因地制宜构建思路,进而形成地方基层"众星璀璨""百花齐放"的良好局面提出了高要求。苏州在贯彻相关精神和方针过程中,各级基层党委与党中央、省委和市委保持高度一致,又充分结合各地现有资源,打造出多元化的基层社会治理法治化思路,大大推动了基层社会治理法治化走进基层、扎根基层,实现了党委与群众共治、法治与自治融合的良好局面。

首先,认真领会贯彻党中央和习近平总书记关于基层社会治理和法治化相关论述。党委带头把准工作方向,做到准确领会、准确落实,习近平总书记指出:"党的基层组织是党的肌体的'神经末梢',要发挥好战斗堡垒作用。落地才能生根,根深才能叶茂。加强党的基层组织建设,关键是从严抓好落实。"[1]准确理解、宣传和贯彻

---

[1] 习近平.在全国组织工作会议上的讲话[M].北京:人民出版社,2018:12.

党中央和习近平总书记关于基层社会治理法治化的相关重要论述和精神,是保证苏州基层社会治理法治化沿着正确方向不断开展的政治保障。苏州推动基层社会治理法治化取得了重要成绩,其首要的经验就是紧跟党中央和习近平总书记相关要求,准确把握推动基层社会治理的主要要求和任务,充分结合苏州的社会生产生活实际情况,处理好普遍要求与特殊要求之间的关系,打造一条既符合精神要求,又适合本地特色和需求的基层社会治理法治化思路,且与苏州改革开放先行先试精神一以贯之的基层社会治理法治化路径。

其次,充分认清党委推动苏州基层社会治理法治化的基本要求。苏州作为高度开放的地区,基层民众对法治化不仅要求高,而且需求多,这给基层社会治理法治化带来了众多难题。同时,苏州又是县域经济高度发达的地区,各地因时因地发展、充分自主,是苏州各县级市成功发展的重要原因。因此,科学认清苏州在推动基层社会治理法治化方面面临的不同情况,是各级各地区党委稳步和快速推进基层社会治理法治化的首要工作。各级党委只有充分认识到工作的复杂性,才能够制定行之有效、包容开放的具体政策,下一级党委和党组织才能够有充分的空间灵活推进。因此,认清各基层社区在推进社会治理法治化方面的具体要求和具体目标,有针对性、有计划性、有原则性地推进基层社会治理法治化,是让基层社会治理法治化充分融入基层,并且充分发挥应有作用的前提保证。

最后,党委制定和实施切实可行的基层社会治理法治化推动路线。推进基层社会治理法治化,不仅是政治性的要求,也需要科学性的制定和实施。如何将这一任务的政治性与科学性对接,真正使基层社会治理法治化有效、长久地发挥应有作用,制定科学的路线是关键之所在。一方面,要制定科学的建设规划。应当正确思考

第一章 党的领导是推进基层社会治理法治化的坚强保证

基层社会治理法治化的内涵是什么,原则是什么,要求是什么,目标是什么,关键是什么。正确分清谁是基层社会治理主体,谁是推进基层社会治理法治化主体,谁是监督主体。要认真解决好各种关系,将基层社会治理这一手段与基层社会治理法治化这一要求紧密契合,有机统一。另一方面,要制定科学的执行体制。在制定好建设规划之后,如何推动计划在现实中落实,是另一项重大问题。在苏州的具体实践中,立法部门有力引导、有力监督,社会广泛参与,部门积极配合,群众积极响应,真正形成了法治、德治、自治的良好结合,诠释了党的基层治理决策的正确性和必要性。

二、体制机制建设与法治化需求相契合

体制建设是治理主体建设,机制建设则是治理主体之间、治理主体与治理客体之间的关系的建设。基层社会治理法治化,归根到底是人和规则的建设,不论是人的建设还是规则的建设,都需要具备明显的需求导向,即明确实现基层社会治理法治化过程中,需要提供什么,完善什么。要实现政策供给、资源供给同实际需求对接,从而实现基层社会治理法治化建设效率的最大化。

首先,党委引领体制机制构建与法治化要求对接。一是要强化党这个领导核心的地位,这是推动基层社会治理法治化的最根本原则。"法治型党组织建设是党的建设在基层实践的创新性探索,因此坚持党的领导是法治型党组织建设的应有之义。"[1]坚定党的领导,是有序、全面推进法治化的坚强保证,也是法治化最深层次的需求。不论各地情况如何不尽相同,对党的坚强领导的需求都是一

---

[1] 陆树程,郭潇彬.论法治型党组织建设的逻辑理路[J].苏州大学学报(哲学社会科学版),2019,40(2):23-24.

致的。二是要实行服务型治理法治化理念。基层治理在党委党支部领导下集合群众共同治理，归根到底还是要为人民服务。应当基于人民的需求，设计体制机制结构，要充分考虑人民对物质文化生活及民主、法治、公平、正义、安全、环境等方面日益增长的要求。这些主题，是构建基层社会治理法治化的重要依据。三是要实行弹性的工作制度和组织制度。要在贯彻党中央、省委、市委部署的同时，根据各地实际需求，合理设计人员和物资结构，根据不同时期、不同地区的基层实际情况，安排合适的资源，既要防止资源短缺，又要防止资源过度，实行集约化配置。

其次，党委推动法治型党组织建设，实现基层社会治理全程法治化。党组织的法治化建设，是基层社会治理主体的重要建设。治理主体建设，包括政治建设、能力建设、法治建设等。实现法治型党组织建设，是保证基层社会治理全过程法治化的基本保障。"全体党员和基层党组织构成法治型党组织建设的主客结构，通过组织建设法治化、干部队伍建设法治化、决策办事法治化和基层治理法治化的互动机制，有助于促使全体党员成为'法治人'，党组织建设更加合目的、合规律，进一步实现党的领导、人民当家做主和依法治国的有机统一。"[1]基层社会法治化是直接面对群众的，越是到基层，法治化与否给群众带来的影响就越是直接，也越是关乎基层社会治理法治化能否成功实现。要充分保证党组织自身的法治化，进而推动党领导的各项基层治理的程序法治化。因此，法治型党组织的构建，是基层社会治理法治化的前提，对党自身的工作提出了高要求。

---

[1] 陆树程，郭潇彬.论法治型党组织建设的逻辑理路[J].苏州大学学报（哲学社会科学版），2019，40（2）：25.

最后，提升党建质量，促进基层社会治理法治化。加强法治型党组织建设，是加强学习型、服务型和创新型党组织建设的重要内容和必要补充[1]，也是推进基层社会治理法治化的实际需要。要以高质量党建提升党员的服务意识和服务能力。党建，让每一个基层党组织成为推动基层社会治理法治化的坚强堡垒，让每一个基层党员成为宣传执行基层社会治理法治化的积极分子，进而让每一个群众成为基层社会治理法治化的参与者和受益人。通过提升党建质量，进一步加强了党委和基层党组织的凝聚力、执行力，上一级党委的决策能迅速、准确地得到落实，进而构建了全党上下协调一致的良好局面，实现了通过党建加强基层社会治理法治化，再通过加强基层社会治理法治化推动党建的良好局面，让基层治理法治化成为提升党治理能力的重要契机。

三、开放型社会与基层社会治理法治化相兼顾

苏州经济社会具有高度的开放性特征，是推进基层社会治理法治化的主要社会背景。在此背景下，解决好社会的开放性同基层自治的相对封闭性的矛盾，成为苏州市在推动基层社会自治法治化过程中遇到的一个较为突出的问题。

首先，正确认识开放型社会与基层社会自治的关系。对外开放，给社会带来多元的价值观和思想意识，使得不同文化、不同思维在基层中密切交织。化解苏州社会经济发展的开放性与基层社会自治相对封闭性的矛盾，是党委在理顺各基层社会治理时需要考虑的共性问题。开放型社会意味着人员的高流动性，也意味着基层群众风俗、习惯、思维方式等方面的多元性。要让多元化的自治主体有序

---

[1] 方世南．以法治型党组织建设推动基层治理法治化[J]．学习论坛，2015，31（4）：18．

实现基层自治,需要处理好思想行为的开放性与基层自治的自控性之间的关系。要在加强党委党组织凝聚力的同时,加强党群凝聚力,进而加强群众凝聚力,形成基层自治合力,实现开放型社会与自治型基层社会的共存共生。

其次,正确认识开放型社会给法治型基层社会治理带来的挑战。对于治理法治化要求来说,需要充分考虑到多元化社会元素实现法治化这一共同的价值取向。在实际过程中,苏州市各级基层党委采取了基层宣传、基层疏导等方式,向群众展示了基层社会治理法治化的必要性,拉近了与群众的最后一段距离。通过加强对基层党委、党支部和党员的指导,他们切实了解了法治化,践行了法治化治理,充分发挥了党员的模范先锋作用,在不同文化认知的群体中产生了影响,切实保证了法治化成为社会全员的一致共识。在基层治理的具体实践中,党委和各级党组织充分运用"服务+法治"模式,既依靠党员服务暖人心,也依靠依法治理正人心,让广大群众在生产生活中,切实感受法治化带来的有序性,以鲜明的现实例证,阐述基层社会治理法治化的必要性,实现在"多元"中求"一元",在开放中求共识。

最后,正确构思开放型社会实现基层社会治理法治化的思路方法。一是要用好形式。中共中央办公厅在《关于加强和改进城市基层党的建设工作的意见》中强调:"根据地域、居民、驻区单位、党组织和党员等情况,调整优化网格设置,整合党建、综治、城管等各类网格。将党支部或党小组建在网格上,选优配强党支部书记或党小组组长,建强专兼职网格员队伍,随时随地了解群众需求和困难。加强网格资源配置,把公共服务、社会服务、市场服务、志愿服务下沉到网格,精准投送到千家万户。建立街道社区党员干部包联网格、走访群众制度,打通联系服务群众'最后一公里'。"[1]要切实运用好网格布局,丰富网格内涵,灵活网格形式,实现基层党的建设、党的治理的网格化呈现。二是要深化内涵。不断诠释基层社会治理法治化的表现、特征,以丰富工作方式和思路。随着社会的不断发展,基层社会治理及其法治化会不断产生新的内容,进而引发新的工作思路。要及时更新认知,创新思路,增强基层社会治理法治化能力,适应社会的新发展。

四、党委工作与群众工作相结合

党委工作与人大工作密切联系,引导群众参与到基层社会治理法治化建设中来。党委全面领导,人大依法履职。在加强基层社会治理法治化过程中巩固党的领导,发挥人大作用,加强法律引导和监督,切实做好法治宣传、法治执行和法治巡查,走好群众路线,紧密联系群众,做好民意搜集工作,在基层社会治理法治化实践中切实坚持以人民为中心,运用多元途径落实人民主体地位。

首先,坚持权为民所用。人大作为立法和监督机关,全程紧盯基层社会治理法治化实际进展,保证基层权力、基层民主、基层治理和基层治理法治化有序开展。基层权力来源于人民,因此要保证基层权力为基层人民掌握。要为群众打开参政议政的正确途径,保证群众基层治理的权益,要实现人民参与治理的愿望,解决人民关心的各类问题。基层法治化,是要发动人民有序参与治理,依法治理,保障人民权益。因此,基层社会治理法治化,应当始终以人民为根本遵循。要正确认识法治的原则是权力的合法运用,而权力最终来源于人民。因此,要充分发动人民,以法律为准绳,正确运用权力

---

[1] 关于加强和改进城市基层党的建设工作的意见[N].人民日报,2019-05-09(4).

法治力
——基层社会治理法治化的苏州样本

🔗 **链接**

农村"小微权力"覆盖了集体"三资"管理、工程建设、土地征收、惠农补贴、保障救助等多个领域。如何用好"权力监督"这根"针",管好引好"小微权力"的千条"线",让基层干部练就过硬的"绣花"功夫,太仓市纪委监委充分发挥4013名廉情监督员的作用,广泛收集群众反映的"廉情"信息,积极探索监督新路。廉情监督员以"流动哨岗"的形式,将监督的"触角"延伸到每一个角落,拓宽监督覆盖面,有效预防了群众身边"微腐败"和不正之风现象的发生。太仓市纪委监委相关负责人告诉记者:"在此基础上,定期组织基层廉情监督员们开展'面对面'质询活动,群众的诉求渠道畅通了,合法权益受到更多的保护,各类矛盾和问题在最基层得以解决,获得感、幸福感和满意度自然会提升。"

——《"监督哨"盯紧农村小微权力 太仓探索监督新路构建基层社会治理新格局》,《苏州日报》,2020年12月4日,略有改动

实现治理。要以人民满不满意、答不答应作为权力使用是否合理的标尺,依照人民的意愿,推动基层社会治理法治化。

其次,坚持引领与发动群众相结合。充分发挥人民代表大会及其常务委员会在基层社会治理法治化过程中的重要作用。作为人民行使国家权力的机构,人大及常委会应当切实发挥在法治文明建设过程中的法定作用,通过法治化建设途径,在法治化宣传、法治化推进、法治化监督等工作上发挥引领性作用。人大代表和人大常委会机构在推进基层社会治理法治化过程中,认真履行职责,通过群众访谈、意见征集、部门调研等方式,对基层社会治理法治化的实际进展、效果、特点等进行宏观把握,对法治化过程中的问题、思路予以引导。切实保证基层社会治理法治化的人民性,始终以人民作为推动法治化的主体力量,充分调动人民积极性,共同参与法治化建设,切实将党中央加强基层社会治理和依法治国的初衷落实好。

最后,引导群众广泛监督。习近平总书记在党的十九大报告中指出,人民不仅对物质文化生活提出了更高要求,

第一章 党的领导是推进基层社会治理法治化的坚强保证

而且在民主、法治、公平、正义、安全、环境等方面的要求日益增长。[1]基层治理法治化，归根到底，就是要不断满足人民对美好生活的向往。接受群众监督，切实了解群众对法治化的呼声和切身需求，进而提高基层社会治理的效果。人大在其中要起到重要的引导作用和纽带作用。充分吸纳群众对法治化的意见，形成人大代表议案，为群众的监督打造有序、有力的渠道，更好推进法治化工作，形成法治文明服务人民，人民共建法治文明的参与型基层社会治理法治化模式，不断提高基层社会治理法治化水平。

---

[1] 习近平.决胜全面建成小康社会 夺取新时代中国特色社会主义伟大胜利——在中国共产党第十九次全国代表大会上的报告[N].人民日报，2017-10-28（5）.

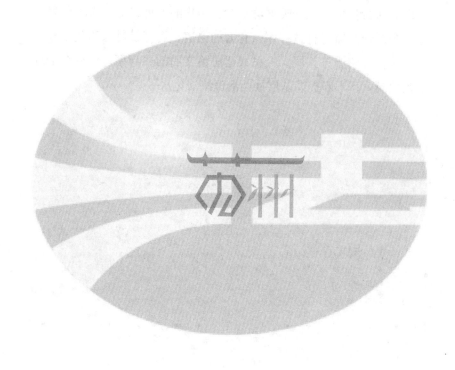

第二章

政府负责是推进基层社会治理法治化的关键要素

从党的十八届三中全会提出全面深化改革总目标到党的十九届四中全会做出《中共中央关于坚持和完善中国特色社会主义制度 推进国家治理体系和治理能力现代化若干重大问题的决定》，我国社会治理工作已经取得了重要成就。2020年是全面建成小康社会的收官之年，近年来基层社会正处于新型社会矛盾不断涌现的时期，基层社会治理法治化任务依然任重道远。从两次中央全会精神到党中央多次决策部署都强调要构建新型社会治理格局、完善社会治理体系，可以看到在推动多元主体协同共治的过程中坚持政府负责始终是完善治理体系的基础。政府在社会治理中负主责，政府带头做到依法行政，是推动基层社会治理法治化的关键所在。新时代继续推进基层社会治理法治化，必须要把政府负责放在首要位置，重点推进政府依法行政和依法转变职能。政府既要承担起社会治理的主要责任，履行好公共服务职能，也要积极通过职能转变激发其他治理主体活力，规范治理主体行为，培育形成多元主体协同共治的良好局面。

第一节　政府负责在基层社会治理法治化中的重要价值

党的十九届四中全会通过的《中共中央关于坚持和完善中国特色社会主义制度 推进国家治理体系和治理能力现代化若干重大问题的决定》指出，要加强和创新社会治理，完善党委领导、政府负责、民主协商、社会协同、公众参与、法治保障、科技支撑的社会治理体系。作为国家治理的重要方面，加强和创新社会治理、推进基层社会治理法治化是一项系统工程，需要整体推进、全面提升。这一过程既需要发挥党委领导作用和其他非政府主体的各自优势，还需要加强政府在推进基层社会治理法治化中的重要作用，让政府充分履行好治理职能、发挥好治理功能、释放好治理效能。

一、政府负责是国家履行社会管理职能的题中应有之义

政府是国家进行政治统治和社会管理的机关，是国家表达意志、发布命令和处理事务的机关，实际上是国家代理组织和官吏的总称。政府担负着保卫国家的独立和主权，保护公民的生命安全及各种合法权益，保护国家、企业和个人的合法财产不受侵犯，保障人民民主，协调人民内部矛盾，打击犯罪分子，维护社会治安和社会秩序等多项职能。其中，尤为重要的一项职能是要维护好社会发展稳定，推动基层社会治理平稳有序。社会管理就是对社会公共事务的管理，是任何时代任何国家的任何政府都必须履行的基本职能，它是确保社会稳定、和谐发展所不可或缺的。在市场经济条件下，我们面临

第二章 政府负责是推进基层社会治理法治化的关键要素

的外部性和非正义等"市场失灵"现象将不断引发各种利益矛盾与社会冲突,这就内在地需要政府通过加强社会管理来予以矫正和纠偏;同时,在经济和社会发展转型时期,社会也更容易出现秩序不稳现象。为保持良好秩序和社会稳定,从容应对各种突发事件和公共危机,就更要求政府通过有效的社会管理来维护国家和民众的利益。而政府的社会管理职能主要是通过制定并有效执行公共政策和公共法规,从而规范社会运行,化解社会矛盾,协调社会关系,维护社会公正来予以体现的。因此,只有更加重视发挥政府在社会管理中的职能作用,才能在社会主义市场经济条件下和在构建和谐社会过程中,着重解决好政府在社会管理中缺位、越位、错位的问题,使之切实担负起应尽的社会管理责任。提高社会治理水平,推进基层社会治理法治化,确保社会安定有序,是实现"两个一百年"奋斗目标的基本保证。在推进基层社会治理法治化过程中,政府就是要把这种社会管理职能在基层落到实处、落在细处,从严从细推进基层社会治理。要在构建新型社会治理体制中充分发挥

> **链接**
>
> 中共十八大报告提出"两个一百年"奋斗目标:第一个一百年,是到中国共产党成立100年时(2021年)全面建成小康社会;第二个一百年,是到新中国成立100年时(2049年)建成富强、民主、文明、和谐、美丽的社会主义现代化强国。"两个一百年",在习近平总书记自中共十八大以来的历次公开讲话与文章中,出现超过100次,其重要性非同一般。"两个一百年"奋斗目标,与中国梦一起,成为引领中国前行的时代号召。2012年,中共十八大描绘了全面建成小康社会、加快推进社会主义现代化的宏伟蓝图,向中国人民发出了向实现"两个一百年"奋斗目标进军的时代号召。"两个一百年"自此成为一个固定关键词,成为全国各族人民共同的奋斗目标。
>
> ——百度词条

好政府负责的主体和主导作用，注重发挥政府的社会管理和公共事务管理职能，通过建立健全基层社会建设和管理的政策法规、基层社会保障制度、基层社会公共突发事件应急机制等，进而不断推进基层社会事业管理体制机制改革创新，为提升基层社会治理法治化水平提供重要保障。

二、政府负责是在基层贯彻落实党的路线方针政策和决策部署的必然要求

中国共产党领导是中国特色社会主义最本质的特征，是中国特色社会主义制度的最大优势。党政军民学、东西南北中，党是领导一切的。习近平总书记形象地指出："这就像'众星捧月'，这个'月'就是中国共产党。在国家治理体系的大棋局中，党中央是坐镇中军帐的'帅'，车马炮各展其长，一盘棋大局分明。"各级党组织和机关部门都要坚持党中央的集中统一领导，确保党总揽全局、协调各方的领导核心地位，坚决贯彻落实党中央各项决策部署，确保党中央政令畅通，把党的领导落实到

> 这就像"众星捧月"，这个"月"就是中国共产党。在国家治理体系的大棋局中，党中央是坐镇中军帐的"帅"，车马炮各展其长，一盘棋大局分明。
>
> ——党的十八大以来，习近平总书记提出并反复强调一个重要论断：中国共产党的领导是中国特色社会主义最本质的特征。此为其形象的比喻

第二章　政府负责是推进基层社会治理法治化的关键要素

国家治理各领域各方面各环节。治国安邦重在基层，加强和创新基层社会治理是关乎党长期执政、国家长治久安和广大人民群众切身利益的大事、要事。习近平总书记强调，党的工作最坚实的力量支撑在基层，经济社会发展和民生最突出的矛盾和问题也在基层，必须把抓基层打基础作为长远之计和固本之策，丝毫不能放松。可以说基层是社会治理的基础和重心。党的十八届三中全会首次提出"完善和发展中国特色社会主义制度，推进国家治理体系和治理能力现代化"的重大命题，开启了全面深化改革新征程。党的十九届四中全会对"坚持和完善中国特色社会主义制度、推进国家治理体系和治理能力现代化"这个重大问题专门研究并做出决定，明确提出要加强和完善基层社会治理新格局。政府作为社会管理职能的重要承担者，在推进基层社会治理法治化过程中坚决把习近平总书记和党中央决策部署落到实处，是政府必须承担的政治责任、必须完成的政治任务、必须遵守的政治纪律和政治规矩。各级政府部门要提高政治站位，把贯彻落实党中央决策部署作为树牢"四个意识"、践行"两个维护"的根本检验，切实增强落实党中央决策部署的政治自觉、思想自觉和行动自觉。

> **"两个维护"**
>
> 坚决维护习近平总书记党中央的核心、全党的核心地位
>
> 坚决维护党中央权威和集中统一领导

三、政府负责是统筹治理资源、实现多元主体协同共治的必然要求

党的十九届四中全会把构建基层社会治理新格局摆在了重要位置，做出许多新部署，需要结合基层实际，创新体制机制，统筹社会治理资源，通过构建基层社会治理新格局不断提升基层社会治理法治化水平。在基层社会治理中，不同社会主体之间的相互关系及其地位角色构成了治理的基本格局。党委领导是根本，政府主导是关键，社会协同是依托，公众参与是基础。多元社会主体合作共治，是社会治理走向现代化的重要标志。在当前我国社会治理中，重政府包揽、轻多方参与的现象还较为普遍，社会治理工作往往成了政府的"独角戏"。创新社会治理体制，就要进一步优化社会治理主体格局，从单纯重视党委、政府作用向党委、政府与社会多元主体共同治理转变，既发挥党委、政府的领导和主导作用，又要鼓励和支持社会各方面参与，包括各类社会组织、企事业单位和公民个人参与社会治理，充分发挥多元主体各自应有的功能和作用，使多元主体良性互动，形成社会治理整体合力。如果仅仅依靠某一种社会力量，是难以治理中国这样一个巨型社会，难以处理中国现代化转型面临的诸多社会问题，难以克服高密度人口社会潜藏的风险的。在基层社会治理中既要发挥好政府主导作用，也要发挥好其他治理主体作用，各治理主体要在党和政府统一领导下共同实施治理行为。政府作为主要负责部门，一方面要充分发挥本身的治理职能，摆脱传统的政府本位思维，明确树立政府并不是唯一主体，其他社会组织或团体也须承担社会治理责任，维护社会秩序，参与社会事务的理念；另一方面政府也要负起责任，积极引导和促进多元主体各负其责、有效合作，通过法律和政策手段，鼓励和支持各社会主体协

第二章 政府负责是推进基层社会治理法治化的关键要素

同共治,实现政府治理和社会自我调节、居民自治良性互动。

四、政府负责是创新社会治理体制、激发社会治理活力的必然要求

我国经济体制改革目标是建立社会主义市场经济体制。要更好发挥社会主义市场经济体制作用,实现全体人民共享发展成果,就需要相应的社会治理模式和治理体制与之相配合,就需要通过创新社会治理来完善社会主义市场经济体制。当前,我国正经历人类历史上最大规模的现代化转型,工业化、城镇化快速推进,带来了经济总量扩大、产业结构和职业结构变革、人口快速集中的效应,在促进经济增长的同时不可避免地带来社会风险,创新社会治理是应对现代化转型挑战与风险的现实需要。政府作为社会治理的主要责任主体,担负着创新社会治理的重任,政府需要在发挥好自身职能的前提下,充分激发其他治理主体的创新活力,让社会治理创新的源泉充分涌流。政府在社会治理中是起引导和统筹作用的,该由政府负责的,政府一定要管好,不能缺位、错位,不能盲目地推给市场;而不该政府管的,政府绝不能大包大揽,就应坚决放手,为其他主体发挥作用、施展才华留下充足空间,这是激发各主体治理活力的必要前提。由此可见,政府在一定程度上的有序"退位"恰恰是为其他治理主体"上位"提供了机会,为其他治理主体发挥创新作用留下了空间。推进基层社会治理法治化是直接面向广大人民群众的治理行为,牵扯的范围更广、涉及的事项更多,治理的难度与复杂度都会更大,需要的治理方式更加多元化,如果仅仅依靠政府主体,则会存在"心有余而力不足"的问题。因此,政府要转变治理理念,改善治理方式,通过赋予其他治理主体更多的自主权,实现多主体,创新共治,这样才能有效解决基层社会治理的复杂难题。

只有实现了政府、市场、社会三者之间的协调与平衡,才能激发社会治理活力,提高基层社会治理水平。

五、政府负责是促进政府职能转变的必然要求

党中央始终重视政府职能转变工作。以习近平同志为核心的党中央针对行政领域出现的形式主义、官僚主义问题,坚定不移推进全面从严治党、持之以恒狠抓作风建设,深入推进部署"基层减负年"工作,为基层松绑减负、促干部担当作为,凝聚起全党上下砥砺奋进的强大力量。上面千条线,下面一根针。党和国家各项决策部署,最终都要依靠基层党员干部穿针引线、落到实处。然而长期以来,基层面临着形式主义困扰,习近平总书记也明察秋毫地指出,很多形式主义问题,占用基层干部大量时间、耗费大量精力,这种状况必须改变!可以说形式主义的存在也是导致基层治理效能不高、基层治理乱象频发的重要因素。为基层减负,力戒形式主义、官僚主义作风,这不是一句空头口号,而是要切切实实通过各级政府机关落实到位。

链接

2019年中共中央办公厅印发了《关于解决形式主义突出问题为基层减负的通知》,强调2019年要解决一些困扰基层的形式主义问题,切实为基层减负。明确提出将2019年作为"基层减负年"。2019年12月6日,"基层减负年"入选"2019年中国媒体十大流行语";12月16日,入选"2019年度中国媒体十大新词语";12月30日,入选"2019年度十大反腐热词"。

——百度百科

提高基层社会治理水平、推进基层社会治理法治化，就需要政府部门把为基层减负作为自己的思想自觉、政治自觉和行动自觉，积极推动政府职能作风转变，强化政府的社会管理和公共服务职能，树立"寓管理于服务之中，在管理中体现服务，在服务中实施管理"的理念，切实转变政府工作作风，彻底改变过去政府部门存在的"门难进、脸难看、事难办"现象。政府职能转变，是国家行政机关在一定时期内，根据国家和社会发展需要，对其应担负的职责和所发挥的功能、作用的范围、内容、方式的转移与变化，这也是深化党和国家机构改革的重要任务。在基层，通过调整优化政府机构职能，把政府从纷繁庞杂的副业中分离出来，集中精力致力于民生福祉的改善，才能全面提高基层治理效能，建设人民满意的服务型政府。

第二节　政府负责在推动基层社会治理法治化中的苏州实践

习近平总书记指出:"社会矛盾和问题交织叠加,全面依法治国任务依然繁重,国家治理体系和治理能力有待加强。"党的十九届四中全会强调:"必须加强和创新社会治理,完善党委领导、政府负责、民主协商、社会协同、公众参与、法治保障、科技支撑的社会治理体系。"在推动基层社会治理法治化过程中,苏州进一步明确政府责任,深入认识到政府负责是更好地推进基层社会治理法治化中的必然选择,充分发挥政府职能作用,在政府负责的主要理念、主要方向、主要着力点、平台载体和支撑体系等几个方面进行了创新性的实践探索。

一、明确政府负责理念:坚持以人民为中心的发展思想

人民群众是物质财富和精神财富的创造者,是社会变革的决定力量。习近平总书记强调:"人民是历史的创造者,是决定党和国家前途命运的根本力量。"

> 人民是历史的创造者,是决定党和国家前途命运的根本力量。
>
> ——2017年10月18日,习近平在党的十九大报告中的讲话

第二章　政府负责是推进基层社会治理法治化的关键要素

全心全意为人民服务是政府宗旨，人民立场是政府根本政治立场。中国特色社会主义进入新时代，我国社会主要矛盾已经转化为人民日益增长的美好生活需要和不平衡不充分的发展之间的矛盾。各级政府也在不断改进工作方式方法，贯彻落实新发展理念，改善民生，加大反腐倡廉工作力度，努力缩小城乡差距和贫富差距，始终将满足人民对美好生活的向往作为工作目标。始终坚持以人民为中心的思想，是苏州市各级政府在推动基层社会治理法治化中始终秉承和坚持的理念。

一方面，苏州为切实改善基层治理水平，提高人民群众的幸福感、安全感和获得感，积极推动劳动保障行政执法。苏州市人社部门以贯彻执行劳动保障法律法规为准绳，不断完善劳动保障监察执法体系建设，加大劳动保障行政执法力度，保障了劳动者权益的落实和提高。2018年全市城镇常住居民人均可支配收入6.35万元，比上年增长8%；农村常住居民人均可支配收入3.24万元，比上年增长8.2%；城乡居民收入比约为1.96∶1，是全国城乡差距最小、发展最协调的区域之一。另一方面，在保障劳动者权益方面，一是积极促进实现城乡人民"更满意的就业"。苏州市坚持以就业为民生之本，积极推进就业制度改革，实行城乡劳动力统筹，实施就业优先战略和积极的就业创业政策，推进实施创业带动就业模式，全市就业总量保持平稳，就业结构持续优化。二是积极促进实现城乡人民获得"更满意的收入"。苏州市聚焦富民增收，深化工资分配制度改革，不断完善城乡居民工资性收入增长机制和保障机制，制定调整实施企业最低工资标准，强化企业工资分配宏观指导，从分配上稳步提高职工工资性收入水平。三是积极促进实现城乡人民"更满意的社会保障"。苏州

市坚持"全覆盖、保基本、多层次、可持续"的方针,大胆创新,先行先试,从无到有,城乡统筹,协调发展,建立完善城乡一体化社会保障体系,促进实现城乡人民"更满意的社会保障",在制度创新、政策创新上有过许多全国首创。

二、明确政府负责方向:以自我革新来促进政府职能转变

政府职能主要包括政治职能、经济职能、文化职能、社会职能等。政府的不同部门各司其职,在依法对国家政治、经济、文化和社会公共事务进行管理时分别承担各自职责,发挥各自功能。政府机关在一定时期内需要根据时代发展,根据国家和社会需求进行自我革新,转变其承担的职责和发挥的功能。在政府职能转变过程中,社会环境变迁是外在动因,自身革新意识是内在动力。苏州市各级政府在推进基层社会治理法治化过程中,始终把通过自我革新来促进政府职能转变作为政府自身变革的主要方向。

一方面,苏州坚持改革创新,加强政府制度供给。对于苏州而言,只有不断推进制度的改革创新,解决发展中存在的结构性、体制性、方向性问题,才能维持政治、经济、文化、社会、生态的稳定和发展。当前,新兴网络工具和信息化技术已经广泛应用于政府的制度供给过程中,尤其是大数据时代的来临,更是加快了政府制度的创新步伐。苏州从信息技术提升和社会治理创新统筹的角度着手,探索现代网络信息技术与政府职能、基层治理、社会需求的衔接路径,充分发挥了网络信息技术的撬动作用。另一方面,苏州坚持职能转变,积极推动"放管服"改革。"放管服"改革是一场刀刃向内的自我革命,是推动政府职能深刻转变、

极大激发市场活力的战略举措。一是以简政放权放出活力和动力。苏州市政府树立新发展理念，清理和调整不适应经济发展方式的行政许可、商事登记等事项及相关制度，释放社会活力，实现了创新驱动发展。二是以创新监管管出公平和秩序。在"放"的同时，更需要"管"好，把"放手"当作最大的"抓手"，同时又"不甩手"，而是"腾出手"来补短板，并通过监管方式、服务方式的改革优化，更加有效地发挥政府职能。三是以便民打造苏州公安交管"放管服"改革样板。近年来，苏州市公安局交警支队全面落实公安部交管"放管服"改革20项措施和10项便民利民服务措施，苏州车管所98%的业务下放到县级车管所，全市共建成交管服务网点1968个，城乡居民"车驾管"业务可实现就近办、网上办、马上办、一窗办，不断打造苏州公安交管"放管服"改革样板，努力为群众提供普惠均等、便捷高效、智能精准的交管服务。

三、明确政府负责着力点：建设群众满意的公共服务体系

建设群众满意的公共服务体系是推进基层社会治理的必然要求。建设公共服务体系要求政府为社会提供基本公共服务和公共产品。基本公共服务和公共产品包含三个基本点：第一，保障公民基本生存权；第二，保障公民基本尊严和基本能力需要；第三，保障公民基本健康安全。政府为社会提供基础性公共服务与公共产品，即提供基本生活保障、基本就业保障、基本医疗保障、基本教育保障等，从而达到三个基本点的目标。随着社会发展和经济进步，人民生活水平不断提高，政府负责领域的范围逐步扩大，水平不断提升，推进基层治理也必然地要求政府为基层社会提供的基础性公共服务与公共产品越来越多，质量越来越高。苏州市

政府在推进基层社会治理法治化过程中始终把建设让群众满意的公共服务体系作为着力点。

一方面，苏州积极整合资源，建设群众满意的公共服务体系。例如，苏州浒墅关镇主要领导人员齐聚青灯村，在对村庄环境进行实地视察后，召开2018年度浒墅关镇农村工作推进会议，紧扣绿色发展这一主题，尽全力打造让百姓满意的村庄环境，实现"三星级康居乡村"建设全覆盖。浒墅关镇按照"整体规划、分批实施"的原则，以"三星级康居乡村"建设为抓手，全面提升各自然村庄的环境面貌和治理水平，推进样板区综合服务配套建设。利用旧厂旧址，整合公共资源，着力构建农村公共服务体系，加快建设乡村便民服务中心等农村重点民生项目，精准布局公共服务设施，拓展中心综合服务功能。另一方面，苏州注重加深融合，建设文旅并进的公共服务体系。苏州第二图书馆已然成为苏州文旅融合新地标，这是苏州不断完善文旅公共服务体系的一个缩影。近年来，苏州将公共文化供给侧结构性改革纳入全面深化改革总体部署，出台了近20部政策法规，助力形成政府主导、社会参与、市场配置的公共文化供给模式。质量高、覆盖广的公共文化服务不仅满足了群众的文化需求，也成为苏州旅游的亮丽风景线。"文化苏州云""苏州旅游总入口"两大平台的智慧化建设愈发完善。成熟的公共服务体系让苏州市民获益良多，苏州市未成年人网络成长第一社区"成长苏州"联合苏州150多家景点，打造了各类文化实践体验站，成为当地未成年人实践体验的重要组成部分；"苏州好行"公交线路覆盖范围更广，市民卡6折优惠，票价与普通公交几乎无异。在苏州的乡村，此番景象也颇为常见。乡村旅游愈发红火的冯梦龙村诞生了诸如冯梦龙书院等一批文化空间,不仅为村民提供了就业岗位,而且提升了当地人居环境,为乡村振兴提供了鲜活的基层案例。

四、明确政府负责平台载体:构建基层社会治理网格化联动机制

网格化治理技术的不断发展,促使城市从网格化管理到社会网格化治理,再到社会网格化联动治理。网格化管理,主要是依托统一的数字化管理平台,通过网格员按照一定管理区域和人口划分,对辖区内人、地、物、情、事、组织等几个要素进行全面信息采集,将其全部纳入网格进行管理,实行分片包干、责任到人、设岗定责,对各类数据信息进行智能化汇总分析的一种社会治理新模式。网格化管理改变了传统的被动分散管理,实现了全新的系统全面管理,使基层治理更加系统化、精细化、高效化。《中共中央关于全面深化改革若干重大问题的决定》提出"要改进社会治理方式,创新社会治理体制,以网格化管理、社会化服务为方向,健全基层综合服务管理平台",明确"到2020年,实现全国各县(市、区、旗)的中心城区网格

> **链接**
>
> 融读书、藏书、刻书、文化教育等于一体的冯梦龙书院日前在冯梦龙故乡苏州市相城区对外开放,旨在打造全球收集冯梦龙相关书籍最全的图书馆,一批冯梦龙研究珍贵典籍与读者见面。冯梦龙是明代文学家、思想家、戏曲家,为后世留下了近3000万字的"文化富矿"。苏州市相城区作为冯梦龙故乡,是冯梦龙历史文化的孕育地和发祥地。为满足书院图书借阅及学者研究需求,苏州市冯梦龙研究会号召社会人士捐赠冯梦龙相关图书,目前共收到来自国内外的捐书600余本。其中,《冯梦龙》《平妖传》《冯梦龙〈山歌〉研究》《东周列国》故事系列连环画108本、1993年铅字印刷版《冯梦龙全集》等均十分珍贵和罕见。
>
> ——《冯梦龙书院在冯梦龙故里开放"迎春"》,新华网,2019年2月7日,略有改动

法治力
——基层社会治理法治化的苏州样本

化管理全覆盖"。党的十九大报告中指出,"打造共建共治共享的社会治理格局,加强社区治理体系建设,推动社会治理重心向基层下移,发挥社会组织作用,实现政府治理和社会调节、居民自治良性互动"。苏州把积极构建基层社会治理网格化联动机制作为推动基层社会治理法治化的主要平台载体,将管控治理转化为服务治理,坚持依法治理,运用法律手段和法律思维解决问题,化解社会矛盾,推进系统化、高效化、法治化、智能化的社会治理,为基层组织减压,努力打造共建共治共享的社会治理格局。

一方面,苏州通过"网格化"治理,促进社会治理提质增效。吴江区认真贯彻落实中央、省、市决策部署,紧抓省网格化联动机制、镇域综合执法改革试点契机,坚持网格治理、联动指挥、综合执法"三位一体"集成推进。着力打造网格员队伍专职化,把全区划分为899个综合网格,按照"十统一"标准,实行准军事化管理,全要素采集基础信息,巡查上报社会治安、公共安全、城市治理类隐患问题。着力推进警网融合实体化,在全省率先试点网格、警格融合共建,在区、镇、村三级成立警务网格联动工作机构,与综合网格三级联动指挥体系一一对应。着力促进矛盾调解网络化,坚持和发展新时代"枫桥经验",推进人民调解进网格,实现网格巡查发

> **链接**
>
> 20世纪60年代初,浙江省绍兴市诸暨县枫桥镇干部群众创造了"发动和依靠群众,坚持矛盾不上交,就地解决。实现捕人少,治安好"的"枫桥经验",为此,1963年毛泽东同志就曾亲笔批示"要各地仿效,经过试点,推广去做"。"枫桥经验"由此成为全国政法战线的一个典型。之后,"枫桥经验"得到不断发展,形成了具有鲜明时代特色的"党政动手,依靠群众,预防纠纷,化解矛盾,维护稳定,促进发展"的枫桥新经验,成为新时期把党的群众路线坚持好、贯彻好的典范。
>
> ——百度百科

第二章 政府负责是推进基层社会治理法治化的关键要素

现纠纷和网格调处纠纷的双向对接，改变了当事人单方发起、调解员"等案上门"的传统做法。着力促进入企巡查集成化，全面推进企业专属网格建设，组建专职入企巡查队伍，以每 80 家企业为一个集成单元，每单元配备两名专职网格巡查员，开展安全生产、环境保护、消防安全、劳动保障、务工人员信息采集等巡查工作，实现一支队伍进企业。通过系列举措建立了实体化网格联动指挥体系，搭建了集成式网格联动工作平台，聚焦平安稳定主责主业，强化风险源头排查整治，实现了社会治理"721"工作目标。另一方面，苏州通过"网格化"治理，推进社会治理精细化。"第一时间发现问题，最快速度解决问题。"这是姑苏区推行网格化管理工作中提出的一个响亮口号，也是打造"共建共治共享"社会治理格局的有效举措。自 2017 年 8 月起，姑苏区全面实施网格化社会治理机制。2019 年以来，姑苏区结合区情实际，对全区网格化社会治理工作进行重塑与再造，全面实施"343"网格化管理建设方案，聚焦"精细管理市容环境、防范化解社会风险、持续强化民生服务"三

"721"

70% 问题在网格内通过服务管理解决
20% 问题在区（镇）部门层级解决
10% 问题通过综合执法解决

大任务，依托网格化管理，"向小巷深处进军、向卫生死角宣战"，全面排查网格内各类矛盾纠纷，全面了解掌握社情民意，为群众办好身边小事。同时，姑苏区着力强化网格、联动工作站、数据库和平台四项建设，不断充实网格化管理力量。2020年，姑苏区在全区建设54个联动工作站，整合各种资源，动员社会力量积极参与，构建起集姑苏体征、感知监测、协同联动、决策支持、应急指挥为一体的姑苏区城市运行联动指挥平台，进一步打通信息通道，实现城市运行的统筹与指挥和上下双向流动的大闭环。

五、明确政府负责支撑体系：深入推进"政社互动""三社联动"改革

"政社互动"，即政府行政管理和基层群众自治有效衔接与双向互动。基层群众自治组织、社会组织等依法实行自我管理、自我服务、自我教育、自我监督，与政府通过"衔接互动"实现职能与管理的有效进行、公共服务与公共产品的有效供给。党的十八届三中全会提出："正确处理政府和社会关系，加快实施政社分开，推进社会组织明确权责、依法自治、发挥作用。适合由社会组织提供的公共服务和解决的事项，交由社会组织承担。"党的十九届四中全会提出："完善群众参与基层社会治理的制度化渠道。""发挥群团组织、社会组织作用，发挥行业协会商会自律功能，实现政府治理和社会调节、居民自治良性互动，夯实基层社会治理基础。"推进"政社互动""三社联动"，推动政府与基层群众自治组织、社会组织有效衔接、良性互动是社会治理的创新模式。有利于发挥"三社"和"政社"在推进国家治理体系和治理能力现代化中的独特作用，真正实现从传统的社会管理方式走向现代社会治理体系，向社会治理社会化、法治化、智能化、专业化迈进；有助于加快共建共

第二章 政府负责是推进基层社会治理法治化的关键要素

治共享的社会治理新格局的形成,提升公共服务水平,促进社会和谐稳定,增强人民获得感和幸福感。苏州在推进基层社会治理法治化过程中,把深入推进"政社互动""三社联动"改革作为重要支撑,大力推动政府与基层群众自治组织、社会组织有效衔接、良性互动。

一方面,苏州通过"三社联动",让社区多元主体协同共治。太仓作为政社互动发源地和全国首家试点单位,经过十年的探索实践,太仓市对"政社互动"实践有了一个新的概括。简政放权、"清单式管理"是改革的第一阶段。解放出来的社区工作者,把大量的时间用于居民服务。社区、社会组织、社工"三社联动",将社会治理理念引入"政社互动"实践,让社区多元主体协同共治,这是太仓政社互动的第二阶段。太仓市根据新时代的新要求,在党的十九大召开后,制定政社互动第三阶段的发展目标——建立"协商能动"机制,建设"发展型"幸福社区。2019年10月太仓市举办了"政社互动""三社联动"创新周活动,专题研讨新时代太仓"政社互动"深化实践之策,积极有效推动"政社互动"3.0创新实践向纵深发展。另一方面,苏州通过"三社联动"创新社会治理成果。近年来,吴中区以"多元参与、共治共享"为理念,一手抓"政社互动",一手抓"三社联动",纵深开展这项改革性工作。一是规范了政府行政行为。用"两份清单"为政府

政社互动3.0时期,太仓实践有以下三个关键词:

"协商能动",强调的是主动发现问题,有序开展协商,理性表达诉求,积极达成共识,最终化解社区矛盾、解决社区问题、促进社区发展。

"发展型"社区建设,强调的是居民的参与和合作沟通,注重居民在参与社区发展过程中的个人能力、公共意识和社区归属感的培养。

"幸福社区",强调的是社区建设各项工作都必须考虑社区居民的内心体验,社区建设各项工作都必须维护社区居民的合法利益。太仓市初步构建了幸福社区建设指标体系,将群众对幸福的主观感受细分为社区归属感、服务获得感、邻里和谐感、生活便利感、社区安全感和环境舒适感,设立了"认同、服务、风尚、生活、平安、生态"六类幸福感指数和三十项具体指标,为全市"幸福社区"建设提供科学指引。

——《太仓政社互动十年迎来"能动善治"3.0时期》,《中国社会报》,2018年10月26日,略有改动

和社区划定"行政权力"与"自治权利"界限。同时,积极为社区减负松绑,压缩社区各类台账和挂牌近40%,区级面向社区的创建只保留1项,让社区工作者腾出时间和精力服务群众。二是建立了联动互动机制。通过筑巢引凤和本土孵化,4大类社会组织服务中心建成启用,注册、引入社会组织和各类社工机构509家,连续开展两届公益创投活动,培养持证社工417人,在12个村(居)开展社区服务社会化。区、镇两级坚持政府主导与社会参与相结合,每年向社会组织、社会工作者购买服务,已累计服务村(居)民6万余人次,充分调动了多元力量协同参与社区建设,有效激发了社区居民共建家园的积极性和创造性,促进了政府管理和基层群众自治相互配合。

第二章 政府负责是推进基层社会治理法治化的关键要素

第三节 政府负责推动苏州基层社会治理法治化的经验启示

党的十九届四中全会指出，要"健全党组织领导的自治、法治、德治相结合的城乡基层治理体系"，"实现政府治理和社会调节、居民自治良性互动，夯实基层社会治理基础"，"推动社会治理和服务重心向基层下移，把更多资源下沉到基层，更好提供精准化、精细化服务"。近年来，苏州市法治政府建设一直位居全国前列，按照全面依法治市的决策部署，深入贯彻实施《苏州市法治化政府建设2016—2020年规划》，大力推进政府依法全面履职，加强政府工作规范化法治化建设，增强了政府的公信力和执行力，为推进基层社会治理法治化提供了宝贵的苏州经验。

一、要切实履行自身职能，扮演好服务型政府角色

推进基层社会治理法治化，需要政府切实履行自身职能。苏州市政府注重发挥政府在社会管理和公共事务中的职能作用，不断加强和创新社会治理，积极推进基层社会治理法治化，一系列创新性举措为基层社会治理法治化提供了宝贵的苏州经验。首先，发挥立法的引领和推动作用，创新提出了"制度供给加法减法一起做"。苏州作为现代化和开放化程度较高的城市，制定了《苏州市优化营商环境办法》，构建以市场主体和社会公众满意度为导向的法治化营商环境评估体系，激发了市场主体活力和经济发展新动力。其次，深化行政审批制度改革，推动"放管服"改革向纵深发展。苏州市政府持续推进"一门一网一次"改革，扩大"不见面审批（服务）"

标准化覆盖面，提高政务服务标准化、规范化、便利化水平。最后，利用互联网平台，创新落实"互联网+政务服务"措施。苏州市"互联网+"城市管理公共服务平台通过不断完善社会参与机制，加快线上服务平台和线下服务实体一体化融合进程，使全民共管成效显著，使政府逐步从管理型向服务型升级，有效弥补了专业采集员人力不足、区域覆盖范围不够等问题，扩大了城管问题采集的范围，提高了实效性。通过这些举措，苏州市政府不断改革完善，扮演好了服务型政府的角色，提升了群众满意度。

从苏州实践经验可以看出，在推动基层社会治理法治化过程中，政府负责必须落到实处，政府要切实履行自身职能，积极扮演好服务型政府角色。我国政府在社会管理和公共事务中的职能经历了一个不断变化的过程，尤其是改革开放以来，在经历了几个阶段后，如今进入强调全面履行职能阶段。因此，第一，要建立健全社会建设和管理的政策法规、社会保障制度及公共突发事件的应急机制，推进社会事业管理体制机制改革创新。第二，要推进服务型政府建设，优化政府机构设置和职能配置，推进简政放权，完善市场监管和执法体制，完善公共服务管理体制，改革自然资源和生态环境管理体制，强化事中事后监管，全面提高政府效能，建设人民满意的服务型政府。第三，要通过深化行政审批制度改革、工商登记制度改革和建立清单式管理制度等方式，正确处理政府与市场关系，优化营商环境，激发市场主体活力。第四，要围绕政府与社会的关系，通过政府购买社会服务，探索社会治理新模式，实现政府向社会放权，激发社会组织及居民等社会主体的参与活力。

二、要加强自身能力建设，提高政府负责本领

推进基层社会治理法治化，需要政府切实做到依法行政。苏州

第二章 政府负责是推进基层社会治理法治化的关键要素

市政府坚定"四个自信",加强政府自身建设,提高社会治理主导能力,严格遵守宪法法律,加快建设法治政府,把政府活动全面纳入法治轨道,为我们提供了宝贵经验。首先,2020年新冠肺炎疫情期间,苏州抓防控、稳发展两手硬,及时分析研判形势,从严从细抓好落实,对防控工作的迅速响应再一次领先全国,苏州率先宣布延迟复工,并率先发布《关于应对新型冠状病毒感染的肺炎疫情支持中小企业共渡难关的十条政策意见》,解决了特殊时刻的现实难题。其次,在复工复产浪潮下,为了实现企业平稳健康发展,苏州市政府出台各项政策措施关爱企业,全力帮助企业解难题,如开展"千名机关干部服务万家企业"推动企业复工达产行动,实地走访了解企业困难并开展专项服务,多渠道支持企业发展,进一步搭起了政府和企业之间的桥梁,为疫情过后的经济发展提供保障,确保完成当年经济社会发展目标。最后,随着互联网信息技术的发展,大数据应用平台构建提高了政府的管理效能,苏州市政府通过城市管理平台、民生服务平台、经济运行平台和电子政务平台这

"四个自信"

中国特色社会主义
道路自信
理论自信
制度自信
文化自信

链接

2020年2月21日,苏州市政府召开"千名机关干部服务万家企业"推动企业复工达产行动工作部署会,从2月23日起,苏州市将派出服务小组和重点企业政府服务专员1000多人,在各项疫情防控工作落实到位的基础上,推动全市1万多家规上工业企业加快复工达产,确保完成今年经济社会发展目标。副市长陆春云出席会议。

据悉，本次"千人万企"行动组织苏州市、县（市）区两级机关千名干部，服务对象是全市10682家规上工业企业，从2月23日至29日，集中一周时间，深入企业一线，及时了解掌握和协调企业在复工达产过程中遇到的突出问题，跟踪服务、点对点帮扶，助力企业尽快实现复工达产。总体目标争到2月底，全市规上工业企业基本恢复到往年同期水平。

苏州市工信局有关人士介绍，两级机关行动中，苏州市级机关相关部门单位将对口联系1000家规上企业，每个部门单位对应服务20家左右。市级机关相关部门单位成立复工达产服务小组，由1名组长、3名至5名政府服务专员深入企业，现场摸排企业复工达产情况，精准帮助企业解决复工达产问题。苏州市企业复工保障和防控组成立工作专班，协调解决服务小组反映的跨地区共性问题。

——《"千人万企"行动助企复工达产》，《苏州日报》2020年2月22日，略有改动

四大平台的构建，实现了对城市发展进行实时远程监控，提升了政府管理水平。通过这些举措，苏州市政府提高了整合和运用各方资源的能力，提高了应对重大公共突发事件的能力和快速响应的本领。

从苏州实践经验可以看出，在推进基层社会治理法治化过程中，政府负责必须落到实处，要加强自身能力建设，注重提高资源整合、综合运用、快速响应的本领。政府是全社会信息资源的最大存储库，集信息采集、处理和使用功能于一身。政府处理信息的能力是政府执政能力的核心之一，对及时有效履行政府职能、应对重大风险有着深刻影响。第一，政府必须要加强自身能力建设，提高采集和处理信息的能力，提升行政效率和决策能力；并通过加强各部门的互联互通，推进资源整合、集约共享，推动部门之间信息资源共享，提高政府的管理服务水平。第二，要发挥政府的组织动员能力及对资源的合法性、公正性的整合和配置能力。不断加大信息资源开放力度，满足人民群众知情权、参与权、表达权和监督权，在人民群众和社会各方

第二章 政府负责是推进基层社会治理法治化的关键要素

力量的某些利益诉求分歧明显时充分发挥政府作用，进行有效调解。第三，要建立健全应急响应机制，在重大突发事件面前从严从细抓好落实。在重大公共事件面前，政府部门具有强大的资源动员能力，政府在应急预案中要充分考虑这些资源，并主动整合这些资源，进行应急响应。第四，要在新的时代背景下合理利用大数据，推动信息资源整合与共享，降低政府运营成本，提高政府决策的科学性，增进与人民群众之间的互动，推动服务型政府建设，创新服务模式。

三、要强化有机联动，实现多元主体良性互动

推进基层社会治理法治化，需要多元主体协同共治、同向发力。苏州市政府在推进基层社会治理中，充分明确了政府不是唯一主体，其他社会组织或团体也须承担社会治理责任，积极引导多元主体在社会治理法治化中各司其职，形成有效合作。通过法律和政策手段，苏州市政府鼓励和支持各主体参与到社会治理法治化进程中，实现了政府治理和社会自我调节、居民自治的良性互动，为基层社会治理法治化提供了高质量样本。首先，苏州市吴中区以网格化治理理念为指导，大力创新社会治理体制与方式，构建了整体性的社会综合治理联动机制，创建了社会综合治理联动中心，编织了覆盖全区的社会综合治理"一张网"，并在加强社会管理、改进公共服务、化解社会矛盾、防控社会风险、维护社会稳定、促进基层社会健康发展等方面取得不错成绩，有效提升了社会治理的效能。其次，姑苏区出台了"343"网格化管理建设方案，确定了"精细管理市容环境、防范化解社会风险、持续强化民生服务"三大工作任务，进一步加强"网格、联动工作站、数据库、平台"四项建设，努力实现"街巷吹哨，部门联动"，打通服务群众"最后一公里"，推动实现社区生活更加美好的工作目标。最后，在此次疫情防控阻击战中，全

市广大政法公安干警和网格员放弃休息、坚守岗位、日夜奋战,在实践中探索出了"苏城码+网格化+铁脚板"模式,做到守土有责、守土尽责,筑牢疫情防控的基层防线。这些举措有效实现了政府治理与社会自治的良性互动。

从苏州实践经验可以看出,在推进基层社会治理法治化过程中,政府负责必须落到实处,要强化与非政府治理主体的有机联动,实现政府治理与社会自治的良性互动。目前,社会综合治理网格化联动机制,已经在苏州实现了大市范围全覆盖。网格化联动机制的推进,让以往老大难问题迎刃而解,群众对基层治理的效果越发满意。因此,第一,要充分发挥社会组织在社会主义现代化建设中的作用。政府与社会组织不应当相互对立,而应当是建设性的合作伙伴,共同承担起社会治理的责任,政府要强化与非政府治理主体的有机联动,就是要正确处理政府与其他非政府治理主体的关系,建立两者的良性互动机制。第二,要通过政企合作充分发挥企业创新作用。建设数字城市、智慧城市、数字乡村离不开企业科技的支撑,政府部门要建立与数字平台企业的合作机制,利用平台企业的技术、数据、用户等资源,充分发挥云计算、物联网、移动互联网、人工智能、大数据、智慧城市、区块链等现代信息技术在政府决策评估、社会风险防治、社会治理决策等方面的作用。第三,要构建社会治理网格化联动机制,改进传统行政管理模式。政府在推进基层社会治理过程中要将管控治理转化为服务治理,坚持依法治理,通过法律手段解决问题,化解社会矛盾,促进社区服务更加趋向精细化,使基层各方形成合力,推进社会治理系统化、高效化、法治化、智能化,着力减轻政府的社会管理负担,降低政府的行政成本,舒缓政府维护社会稳定的巨大压力。

四、要完善体制机制,推动责任落细落实落准

推进基层社会治理法治化,需要各级政府担起治理责任。苏州市通过建立健全科学有效的诉求表达机制、矛盾调处机制、利益协调机制、权益保障机制、重大决策社会稳定风险评估机制、社会政策监测体系和修复机制、社会政策运行机制等,不断完善政府治理体制机制,提高有效预防和化解社会矛盾能力,为推进基层社会治理法治化提供了有效经验。首先,苏州市形成了党政部门和企事业单位、社会组织、社区居民多元治理的格局,政府担负起自己的责任,履行好自身的职能,与其他治理主体在参与社会治理进程中构建起良性互动机制,实现居民安全利益诉求表达与政府行政回应机制、政社对话沟通与政府共识凝聚机制、公众自发参与与政府有序动员机制、社会协同与政府主导机制的良性互动,建立起政府对社会治理进程法治化的责任制。其次,苏州市率先建立了法治政府建设责任制。2017年3月,苏州市政府出台了《关于进一步加强乡镇政府、街道办事处依法行政工作的意见》《关于加强各级政府部门法制机构履职能力建设的意见》《关于加强镇政府、街道办事处政府法治工作人员履职能力建设的意见》等文件,明确不同层次、不同主体、不同对象承担的法治政府建设责任。最后,苏州市建立政府主要负责人为第一责任人的制度,对不作为、不依法尽责履职的负责人启动问责追究,督促基层政府和部门落实整改措施。这些举措更好地抓住了政府在社会治理法治化中的责任,充分发挥了政府作用。

从苏州实践经验可以看出,在推动基层社会治理法治化过程中,政府负责必须落到实处,要完善集约高效的政府负责体制和治理机制,强化各级政府抓好社会治理法治化的责任。权力和责任是一对孪生兄弟,有权必有责。我国政府正处于"权力政府"向"责任政府"

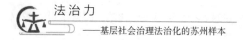

转变阶段,实现对权力有效控制必须先从责任控制入手。第一,要完善体制机制。完善统揽全局协调各方的党委领导体制,完善联动融合、集约高效的政府负责体制,完善开放多元、互利共赢的社会协同体制,完善人人尽责,人人享有的公众参与体制。第二,要建立健全责任制度。逐步建立法治政府建设"一岗双责"制度、建立法治政府建设目标责任书制度、建立重大事项约谈制度、建立法治政府建设重大问题研判制度、建立法治政府建设年终述职制度等,进一步强化责任落实的追责力度。第三,要落实"责任政府"的制度保障。"责任政府"要求为满足人民群众和社会需求,政府必须及时做出回应并采取措施,"责任政府"离不开一系列的制度保障,尤其是政府要通过接受人民群众和社会的监督,实现政府负责体制和治理机制的现代化,切实履行推进法治政府建设第一责任人职责,把依法行政贯彻于政府各项工作中,不断提高法治政府工作水平。

五、要加快政府治理变革,全面提高行政效能

推进基层社会治理法治化,需要政府在变革中提高自身治理效能。苏州市通过优化政府机构设置和职能配置,深化机构改革,形成职责明确、依法行政的政府治理体系,增强政府公信力和执行力,深入推进政府职能转变,全面提高政府效能。苏州一系列加强顶层设计、完善治理模式的方式方法,为推进基层社会治理法治化提供了有力借鉴。首先,苏州加快构建高效政务平台,有力地促进了政府职能转型。随着"智慧苏州"的提出和深化,苏州市政府决定对电子政务发展战略做出调整,采用集约化的建设思路,利用政务云强大的承载和扩展功能来适应政务服务不断调整和变化的需求,最终不断提高政务信息化建设效率,大大节约政务建设财政支出,有效改善了信息安全,为苏州市政府数字化建设进入更高发展阶段提

第二章 政府负责是推进基层社会治理法治化的关键要素

供了坚实基础。其次，2016年苏州出台了《关于加快推进城乡社区治理现代化的意见》，支持和鼓励有条件地区探索推进街居体制机制改革，建立健全社区行政性事务职能上收镇（街道）、服务管理资源下沉村（社区）、社区服务外包的"一上、一下、一包"模式；探索建立社区"综合受理、一门服务、全科社工"工作机制，建立完善"全科社工、全能服务、全年无休"和社区服务管理网格化体系。最后，苏州市积极组织实施市级机构改革，以改革来推动苏州经济转型升级、智慧城市建设，提升政府治理能力；积极深化和扩大相对集中行政许可权改革试点，按照"放管服"改革要求，将涉及"3550"改革的市场准入和投资建设审批链条上的相关事项划入市行政审批局。这些举措得益于政府具有主动性、前瞻性的变革意识，有效考验和锤炼了政府自身变革与发展能力。

从苏州实践经验可以看出，在推动基层社会治理法治化过程中，政府负责必须落到实处，要注重提高政府自身变革与发展能力，全面提高政府效能。政府的主动性、前瞻性变革是社

链接

2017年，江苏省提出"3550"的改革目标，即开办企业3个工作日内完成、不动产权证5个工作日内完成、工业建设项目施工许可证50个工作日内完成。设定明确的审批时限，有效倒逼相关部门精简材料、减少环节、优化流程、提高效率。近年来，苏州张家港市始终坚持"以人民为中心"的工作理念，进一步加大转变政府职能和"放管服"改革力度，不断提高企业群众创业办事的获得感和幸福感，持续打造国际一流营商环境。优化完善"一窗受理、集成服务"模式，"3550"改革成效显著。

——《苏州张家港市"放管服"改革成果初现》，姑苏网，2020年5月6日，略有改动

会治理目标实现的前提条件和基本保障。因此，第一，政府要主动审视外在环境变化和社会发展要求，积极转变角色，明确自身社会规则制定者、公共服务提供者、社会秩序维护者的定位，不断加强顶层设计，自觉调整完善治理模式。第二，政府自身改革要注重与促进经济社会转型发展相结合，与强化政府社会管理和民生服务职能相结合，与优化政务环境增强发展软实力相结合，不断进行自我革新。始终遵循"法无授权不可为""法定责任必须为"的原则，构建行政审批、资源配置、公共服务、效能监察四位一体的综合性政府服务平台和统一、高效、便民的市、区县（市）、乡（镇）、社区（村）四级行政服务体系。第三，政府要主动借助智库和外脑，深入研究社会治理的一般规律与特殊表现，有效整合社会治理资源，随环境和形势变化自觉调整和完善治理模式，不断提高自我调整、自我改革的能力。第四，政府要处理好改革创新与法治的关系，不断促进各项行政制度更加完善，继续推动简政放权、放管结合、优化服务改革向纵深发展，大力推行"互联网+"政府服务模式，深入推进廉洁政府建设和反腐败斗争，着力解决为官不为和庸政懒政怠政问题。

第三章

民主协商是推进基层社会治理法治化的重要方式

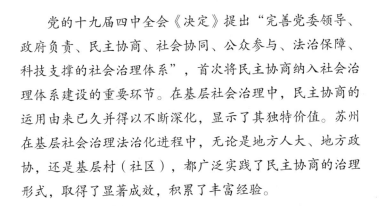

党的十九届四中全会《决定》提出"完善党委领导、政府负责、民主协商、社会协同、公众参与、法治保障、科技支撑的社会治理体系",首次将民主协商纳入社会治理体系建设的重要环节。在基层社会治理中,民主协商的运用由来已久并得以不断深化,显示了其独特价值。苏州在基层社会治理法治化进程中,无论是地方人大、地方政协,还是基层村(社区),都广泛实践了民主协商的治理形式,取得了显著成效,积累了丰富经验。

第一节　民主协商在基层社会治理中的独特价值

民主协商是社会主义协商民主的基本实践方式，其实质就是"有事好商量、众人的事情由众人商量"[1]。民主协商同时也是多元主体间通过商议、协调等方式解决问题的手段，是推进传统的社会管理向互动的社会治理转变的重要途径。

一、社会主义协商民主与民主协商

协商民主作为一种新兴的民主模式，在中国和西方有着不同的理论和实践。在西方国家，一直以来盛行的是选举民主模式，主要通过投票和代表机制来实现民众的利益表达和政策取向。但是选举民主模式存在诸多弊端，如多数决定原则难以保障少数群体的利益，侧重间隔性的投票行为，而对常态化的参与缺乏有效渠道。因而从20世纪70年代起，在对自由主义民主理论的批判中逐步兴起了协商民主理论。这种协商民主被认为是"超越程序"的和"实质性"的，"试图在民主社会中建立政治合作的公正关系"[2]。20世纪90年代以来，在西方民主实践中，协商民主以各类参与式民主的形式取得了一定进展。与西方相比，中国的社会主义协商民主有着深厚的历史传统，是中国共产党和中国人民的伟大创造，源自中国共产党

---

[1] 习近平.决胜全面建成小康社会 夺取新时代中国特色社会主义伟大胜利[M].北京：人民出版社，2017：37-38.

[2] 詹姆斯·菲什金，彼得·拉斯莱特.协商民主论争[M].张晓敏，译.北京：中央编译出版社，2009：33.

第三章　民主协商是推进基层社会治理法治化的重要方式

领导人民进行革命、建设和改革的长期实践。中国人民政治协商会议及由此而确立的中国共产党领导的多党合作与政治协商制度,是社会主义协商民主的主要表现形式。与西方协商民主是对选举民主的批判不同,中国的社会主义协商民主与人民代表大会制度是相互补充、相互促进的,都是人民当家作主的实践形式。

进入中国特色社会主义新时代以来,社会主义协商民主在理论和实践上进一步深化。十八届三中全会提出"推进协商民主广泛多层制度化发展","开展形式多样的基层民主协商,推进基层协商制度化"。[1]习近平总书记明确指出:"协商民主是我国社会主义民主政治的特有形式和独特优势,是党的群众路线在政治领域的重要体现。"[2]2015年中共中央印发《关于加强社会主义协商民主建设的意见》,明确了协商民主的定义,即"在中国共产党领导下,人民内部各方面围绕改革发展稳定重大问题和涉及群众切身利益的实际问题,在决策之前和决策实施之中开展广泛协商,努力形成共识的重要民主形式"[3],明确了协商民主的基本原则和渠道程序。党的十九大报告进一步提出:"加强协商民主制度建设,形成完整的制度程序和参与实践,保证人民在日常政治生活中有广泛持续深入参与的权利。"[4]这些重要论述为新时代全方位开展社会主义协商民主

---

[1] 中共中央关于全面深化改革若干重大问题的决定［EB/OL］.(2013-11-15)［2021-03-15］.http://www.gov.cn/jrzg/2013-11/15/content_2528179.htm.

[2] 中共中央文献研究室.十八大以来重要文献选编(上)[M].北京:中央文献出版社,2014:504.

[3] 中共中央印发《关于加强社会主义协商民主建设的意见》[EB/OL].(2015-02-09)［2021-03-15］.http://www.gov.cn/xinwen/2015-02/09/content_2816784.htm.

[4] 习近平.决胜全面建成小康社会 夺取新时代中国特色社会主义伟大胜利[M].北京:人民出版社,2017:38.

提供了根本遵循。

民主协商是社会主义协商民主的实践形式,其基本做法就是商量。涉及人民群众利益的问题,要在人民群众中广泛开展商量,让人民表达意见,提出建议,充分发扬民主,集思广益,在商量的基础上形成大家认可的决策,不仅解决了问题,还统一了思想,凝聚了共识。对于民主协商的实践形式,习近平总书记指出:"我们要坚持有事多商量,遇事多商量,做事多商量,商量得越多越深入越好。"[1]作为民主实践形式,民主协商有别于选举和投票,但并不是完全否定或替代,而是相互交错、相互支持。例如,在向人大推荐重要人事任免之前,执政党应当与民主党派进行政党协商;人大在立法过程中,应当通过立法协商,广泛征求各方意见。

二、民主协商与社会治理体系

民主协商不仅是民主的基本实践形式,同时也是社会治理的重要手段。尤其是从"管理"到"治理"的转变过程中,民主协商的重要性尤为凸显。十八届三中全会首次提出"创新社会治理体制",坚持系统治理、依法治理、综合治理和源头治理,改进社会治理方式;激发社会组织活力,正确处理政府和社会的关系。党的十九大报告进一步提出打造共建共治共享的社会治理格局,推动社会治理重心向基层下移,发挥社会组织作用,实现政府治理和社会调节、居民自治良性互动。在十九届四中全会《决定》中,将"民主协商"作为社会治理体制的重要环节,提出完善党委领导、政府负责、民主协商、社会协同、公众参与、法治保障、科技支撑的社会治理体系,建设人人有责、人人尽责、人人享有的社会治理共同体。

---

[1] 中共中央文献研究室.十八大以来重要文献选编(中)[M].北京:中央文献出版社,2016:73-74.

第三章 民主协商是推进基层社会治理法治化的重要方式

民主协商在社会治理体系中具有独特的优势和价值,而且彰显了中国社会治理体系和治理能力的重要特色。首先,从社会治理主体来看,民主协商是连接多元治理主体的重要环节。党委进行社会治理的重要决策,要根据政治协商制度与民主党派和无党派人士开展政党协商;党委、政府与社会、公众实现协调互动,基本方式也是开展民主协商,自下而上表达利益要求,自上而下搜集社情民意。其次,从社会治理的方式方法来看,逐步从生硬的行政手段,即管、控、压、罚等方式,转变为更加重视协商协调,运用群众路线的方式,平等地开展对话、沟通、恳谈等来化解社会矛盾。因而民主协商作为社会治理方式的运用更为广泛,尤其是在基层社会治理之中日益成为主要的方式手段。再次,在治理环节上,从原先的重事后处置转变为重源头治理,从按下葫芦浮起瓢的事后救济、治标转为反思政策原因、注重治本,在这个转变过程中,民主协商有了更多的用武之地,从效果不大的事后协商拓展为带有预防性、前瞻性的事前协商和持续参与互动的事中协商。最后,在治理手段上,由单纯重视行政手段向综合治理转变,更多地运用法律规范、道德约束、心理疏导、舆论引导等手段,由此民主协商也获得了更丰富的内涵,尤其是在社会治理法治化的进程中,学法尊法,依据法律进行协商协调,成为民主协商的内在要求。

民主协商作为社会治理的重要方式,有着深厚的底蕴与传统。从文化底蕴来讲,和而不同、求同存异的"和合精神",强调中庸的处事原则,是中华传统文化的重要特点,对于民主协商有重要的文化支撑作用,在处理社会矛盾问题时,通过协商的方式,达成共识,相互包容。从历史底蕴来讲,民主协商贯穿了中国共产党领导的革命、建设和改革全过程。在革命时期,共产党通过统一战线政策，团结一切可以团结的力量，与民主党派共同创立了政治协商制度，通过政党协商等各种民主方式管理国家事务和社会事务。多党合作和人民政协的制度运作，使中国的民主协商从一开始就带有正式的国家制度性质，并为社会协商和基层协商提供了良好的示范。从党的优良传统来看，民主协商与群众路线、民主集中制紧密相关。通过群众路线的践行，从群众中来，组织各方面群众开展协商，保持同群众的密切联系，倾听群众的意见和建议；在充分发扬民主的基础上，正确集中，形成正确的政策主张，到群众中去，把党组织的正确主张变为群众的自觉行动。正是由于民主协商拥有深厚的文化底蕴、历史传统和路线依据，必然在社会治理现代化的进程中发挥着越来越重要的作用。

三、民主协商与基层社会治理法治化

社会治理的重心在基层，基层社会治理直接关系广大人民群众的切身利益，因而民主协商作为社会治理的重要方式，在基层社会治理中运用广泛。关于在基层社会治理中开展民主协商，中共中央印发的《关于加强社会主义协商民主建设的意见》对"稳步推进基层协商"做了原则性规定。2015年7月，中共中央办公厅、国务院办公厅印发了《关于加强城乡社区协商的意见》，对在城乡社区开展多种形式的民主协商从目标要求、主要任务、组织领导等方面做了详细规定。2016年中央深改组第31次会议审议通过的《关于加强和完善城乡社区治理的意见》把提高社区居民议事协商能力、形成城乡社区协商机制纳入城乡社区治理体系和治理水平提升的总体布局之中。这些文件中的相关规定为基层社会治理中开展民主协商提供了基本遵循。

法治是现代治理的基本要求，社会治理体系和治理能力走向现

第三章 民主协商是推进基层社会治理法治化的重要方式

代化,最重要的取向就是社会治理要实现法治化。在基层社会治理中,法治化同样是基本的发展要求。基层社会治理的法治化与民主协商是并行不悖、相互促进的。首先,民主协商要依法有序进行,不断提高制度化、规范化水平。基层社会治理中开展民主协商不是随便请一些人或部门来随意发表意见,或是简单地发泄情绪、表达不满,而是一种在广泛利益表达基础上综合意见,形成正确决策、解决实际问题的一种制度化决策机制和治理方式。所以,必然要遵循明确的程序和规则,只有这样才能使协商过程和协商结果具有公信力,才能在民主的集中上形成正确的集中。其次,法律法规是基层民主协商的重要依据。民主协商要表达意见、以理服人,其中的"理"在现代治理中更多的是权威性的法律依据、制度依据,只有这样才能避免公说公有理、婆说婆有理的分歧,保证民主协商的效率和效能。最后,民主协商与依法治理在基层社会治理中是相互促进、相得益彰的。在社会治理体系中,民主协商是连接各方治理主体、充分表达意见的治理机制,但民主协商缺乏必要的强制性,需要法治充当有效的保障;反之,法治是底线的要求,在施行过程中带有刚性,需要借助于民主协商等柔性治理方式潜移默化地普及法律法规,带动社会各界和人民群众学法尊法守法用法,两者结合有利于提升基层社会治理的法治化水平。民主协商与法治保障的相互促进在村(社区)治理中更是鲜明地表现为德治、法治、自治"三治合一"的治理方式。

第二节　苏州基层社会治理法治化中的民主协商实践

苏州在深化基层社会治理中，多层次多渠道广泛运用民主协商的治理方式，形成了包括地方人大协商、地方政协与民主党派协商、基层村（社区）协商等民主协商平台，有力地提升了基层社会治理的法治化和现代化水平。

一、地方人大协商与基层社会治理的立法保障

人民代表大会是国家权力机关，履行立法、监督、人事任免、重大事项决定等重大职能，是人民当家作主的主要渠道。各级人大在依法行使职权的过程中，要根据需要进行充分协商，汇聚民智、听取民意，保证所做的各项决定真实代表人民意愿。地方人大开展的协商主要包括立法工作中的协商、人大代表的协商两个方面。此外，一些地方人大具有地方立法权，可以通过地方法规的制定，提升民主协商的规范化、法治化程度。地方人大开展的这些协商形式，在内容和功能上都与基层社会治理有着密切关联。苏州市人大常委会于 1980 年 1 月设立，1993 年 4 月苏州市被国务院批准为"较大的市"，市人大常委会开始拥有地方立法权。近年来，苏州市人大及所辖各县级市（区）、镇人大围绕基层社会治理的重大问题，积极开展协商，有力地推动和保障了基层社会治理的法治化。

一是审议出台相关程序性规定，保障立法协商有规可循。在立法协商方面，早在 2017 年 1 月，苏州市第十六届人大一次会议修订通过了《苏州市制定地方性法规条例》（以下简称《条例》）。《条

例》第 37 条明确规定：常委会收到提案人报送审议的地方性法规后，人大法工委应将法规草案和说明资料在苏州人大网、中国苏州网等媒体公布，公开征求意见；直接关系群众切身利益、社会普遍关注的法规案，在《苏州日报》公布。同时，法案草案审议和修改的情况，在网上同步公开。这个条例为进一步规范立法工作、推进立法协商提供了基本遵循。在此基础上，2018 年 6 月，苏州市十六届人大常委会第十二次会议审议通过《苏州市人民代表大会常务委员会立法协商工作办法》（以下简称《方法》），明确立法协商是指市人大常委会在立法工作中，与政协委员、民主党派、工商联、无党派人士、人民团体和社会组织等对象进行沟通、交流，听取意见和建议，并加以参考、采纳和反馈的活动。《办法》还对立法协商的原则、内容、形式和工作机制、会议的开展、成果运用和反馈等进行了细致规定。《办法》尤其明确了立法协商与社会治理的关系，要求对社会公众普遍关心的热点难点问题、社会发展遇到的突出矛盾、不同利益诉求群体之间的重大利益调整及对社会公众有重要影响的立法事项，必须开展立

> 链接
>
> 1993 年 4 月，苏州被国务院批准为"较大的市"，开始享有地方立法权。当年 9 月，苏州市十一届人大常委会第三次会议审议通过了苏州历史上第一个地方性法规《苏州市人民代表大会常务委员会关于制定地方性法规的规定》。2001 年 2 月，市十二届人民代表大会第四次会议制定了《苏州市制定地方性法规条例》，同时废止了 1993 年的《规定》。2001 年制定的《条例》是苏州市关于地方立法活动的重要地方性法规，施行十多年以来，对规范苏州市人大及其常委会的立法活动、提高立法质量、推进法治城市建设、保障经济社会健康有序发展发挥了重要作用。
>
> ——《〈苏州市制定地方性法规条例〉下月施行》，《姑苏晚报》，2017 年 4 月 29 日，略有改动

法协商。

二是在社会治理相关立法过程中积极开展民主协商。苏州市人大常委会在履行地方立法职能时，采取多种形式，对有关社会治理的地方法规草案开展民主协商。尤其是涉及群众切身利益的法规起草，如古城保护、禁止燃放烟花爆竹、养犬管理、垃圾分类等，由人大牵头成立起草小组，人大有关专门委员会或常委会工作机构、政府有关部门、人大代表和专家学者共同参与立法协商，保证法规质量。典型的如《苏州国家历史文化名城保护条例》，先后六次在网上公示修改稿，并在《苏州日报》向全社会公开征求意见。《苏州市出租房屋居住安全管理条例》立法协商深入听取政协委员、民主党派、工商联、无党派人士、人民团体的意见，还发函给市房地产经纪业协会、市安全技术防范行业协会邀请与会，各方围绕"群租"房屋管理、出租人和承租人责任、消防设备配备、电动车停放充电管理等争议较大的内容充分协商。在立法协商的论证过程中，苏州市人大在广泛倾听各方意见的基础上，突破部门利益的局限，准确处理社会治理的矛盾焦点，维护人民群众的切身利益。比如，在修改旅游条例时，坚决删除旅游购物时间的合同条款，不给旅行社变通操作"留口子"。根据充分协商的成果，对草案逐条进行统一审议，同时对重要条款和争议较大的条款进行重点审议，在兼听各方利益诉求的基础上全面衡量，尽可能地满足各方利益诉求。

三是人大代表深入街道社区发挥民主协商作用。苏州市、区（县级市）人大充分发挥街道人大工委和街道基层立法联系点的作用，助推人大协商、立法协商与民情恳谈、基层协商有效衔接。2015年5月、2018年6月苏州市人大常委会分别确定了16个和20个基层立法联系点。基层立法联系点以街道领导担任组长、副组长，在所辖各社区和驻街单位设立基层立法信息采集点，形成了以信息员和联络员为主体的工作架构，并且整合街道司法所、社区律师、辖区法律从业者等资源。发挥基层立法联系点参与立法协商的作用，例如，广受关注的《苏州市禁止燃放烟花爆竹条例》，鉴于法规事关人民群众切身利益，苏州市人大常委会首次邀请部分立法专家顾问和基层立法联系点人员，列席市人大常委会会议，参与分组审议法规，提前介入地方立法工作。推动人大代表通过立法联系、社情民意等机制深入街道社区。例如，姑苏区虎丘街道12个"代表之家"作为基层立法联系点的工作平台，邀请人大代表依托法治主题公园、社区法治走廊等平台，组织开展立法宣传、意见建议征集等活动。此外，苏州各地通过多种形式建立人大代表进社区开展协商的机制。例如，苏州市人大、姑苏区人大联合举行"今天我在岗"人大代表周周行活动，相城区人大开展社区"代表接待日"活动，张家港市凤凰镇设立社区人大代表联络站，等等。人大代表的民情恳谈活动定期在社区开展，发挥代表桥梁纽带和协商协调作用，有力地推动实事办理。

二、地方政协协商与基层社会治理法治化

人民政协是协商民主的重要渠道和专门协商机构，也是中国共产党与民主党派、无党派人士开展多党合作与政治协商的主要平台。政协协商形式多样、内容广泛，主要通过政协会议开展民主协商，其他形式包括专题协商、对口协商、界别协商、提案办理协商等。苏州市、区（县级市）两级人民政协及各民主党派、无党派人士围绕基层社会治理热点难点问题，灵活多样地运用各种协商形式，充分发挥全会集中协商、常委会议专题协商、主席会议重点协商、界别协商、对口协商、提案办理协商作用，积极推进政协协商与基层

协商有效衔接，有力地推动了苏州基层社会治理向纵深发展。

一是围绕社会热点问题定期开展专题协商，寓民主监督于协商实践之中。专题协商是市政协主席会议和常委会进行民主协商与监督的主要方式。近年来，苏州市政协围绕全市工作大局，精选课题、精心组织，开展了卓有成效的专题协商活动。2018年苏州市政协为推进法治城市建设，围绕全市法治文化建设进行专题协商，针对普法工作中面临的困难和问题，提出对策建议，助推法治成为城市核心竞争力、城市治理创新的依托，让法治融入市民生活方式。2019年苏州市政协在广泛征集协商课题的基础上，确定将优化城市公共客运换乘系统、公共体育服务体系高质量发展、技能人才队伍建设、苏台融合发展、固体危废处置、老字号创新发展、科技民营企业发展7个课题作为常委会议和主席会议专题协商内容。此外，针对社会治理中居民群众反映强烈的群租房问题，苏州市政协创新工作方式，把专题协商和专项监督结合起来，组成专项民主监督工作领导小组，由市政协领导班子担任主要成员，下设五个监督组，开展了为期三个多月的专项民主监督，在监督过程中广泛听取利益相关各方的意见要求，提出了针对性较强的监督建议。仅2019年苏州市政协各类重点专题协商就形成了11份建议案、调研报告，协商成果得到了苏州市委、市政府的高度重视和充分肯定，主要领导和分管领导一共做出20次批示，相关部门积极吸纳政协的建议，在社会治理方面推出了一系列有力举措。

二是通过提案协商聚焦社会治理重点问题。苏州市政协充分利用提案协商和社情民意信息促进社会治理和民生问题的解决。仅2018年，苏州市政协就收到提案513件，立案提案449件，收集社情民意信息129条，编发《保护河道水体治理成果建议》等社情民

第三章 民主协商是推进基层社会治理法治化的重要方式

意专报9期。各民主党派积极利用政协平台开展提案协商。例如，农工党苏州市委针对基层卫生事业发展和计生政策转型专题开展调研，提交《探索基层计生工作转型发展 推动卫生计生事业深度融合》提案，提出对策建议。民建苏州市委提交的《关于建设数据化监控平台，实现我市食用农产品质量安全全覆盖的建议》被市政协列为一号提案，由市政协主席亲自督办。2019年，苏州市政协根据社会治理新情况新问题，确定了加快医养深度融合、提升养老服务有效供给等20件提案为提案办理协商的重点课题，紧扣人民美好生活需求。对于各民主党派和政协委员提交的提案，苏州两级政协机关积极做好提案交办、追踪反馈、督促检查、舆论推动等关键环节，一批群众关注的问题通过提案督办得到了及时有效解决。对此，苏州市政协还创新了委员提案跟踪"回头看"形式。例如，苏州市政协领导班子组团围绕校园食品安全连续跟踪督办，开展校园食品安全提案办理情况"回头看"活动，推动全市学校食堂量化分级管理良好以上等级比例达到100%，学校食堂实施"明厨亮灶"工程覆盖率达到100%，受到家长的普遍欢迎和高度评价。

三是围绕基层社会治理推动政协协商与基层协商有效衔接。为了进一步推动政协协商带动基层协商、服务基层社会治理，苏州市政协专门出台了《全市政协系统推动政协协商与基层协商有效衔接，建设"三位一体"工作载体的实施意见》，建好用好"有事好商量"协商议事室、政协委员之家、社情民意联系点三位一体工作载体，大力推进基层协商民主。截至2019年12月，全市共建成"三位一体"工作载体86个，在全市乡镇街道实现全覆盖，拓宽了协商渠道，丰富了协商形式。例如，相城区黄桥街道政协委员之家2019年共开展活动14次，接待群众142人次，协助解决热点难点问题105件，办结率达 99%，提交社情民意 22 件、提案 7 件。一些区（县级市）政协深入基层开展协商民主实践。姑苏区政协把"协商民主在基层"作为履职创新的关键点，依托金阊街道政协工委，采用定点包片方式，将 57 名政协委员与辖区全部 29 个社区一一挂钩联系，组织委员定期走进结对社区开展接待日、走访座谈活动，协助协调解决基层社会治理中如人车混行、垃圾堆放、"僵尸汽车"等老大难问题，并推动了一些老旧社区征收改造工作，得到群众普遍好评。

三、基层村（社区）治理中的民主协商实践

基层协商是直接在基层人民群众中开展的协商，村（社区）是开展基层协商的主阵地。在中共中央《关于加强社会主义协商民主建设的意见》中明确要求推进行政村、社区的协商，坚持村（居）民会议、村（居）民代表会议制度，积极探索村（居）民议事会、理事会、恳谈会等协商形式。2015 年中办、国办印发的《关于加强城乡社区协商的意见》是对基层村（社区）开展民主协商的专门指导文件。苏州着力把协商议事机制作为改革创新的重点，从基层协商的政策指导与制度构建、协商议事平台的打造、发挥村规民约协商规范作用等方面，全面推进城乡社区治理现代化，不断提升社区治理的规范化、法治化水平。

一是制定村（社区）民主协商制度性规范，保证基层协商有规可循。在中央出台相关意见的基础上，2017 年 3 月，苏州根据村（社区）治理的实际需求，制定了《关于加强城乡社区协商的实施意见》。意见提出建立协商主体广泛、内容丰富、形式多样、程序科学、制度健全、成效显著的城乡社区协商新格局。意见明确了城乡社区协商遵循的"提出议题，确定主体""提前通报，广而告之""充分

第三章 民主协商是推进基层社会治理法治化的重要方式

协商,达成共识""公布结果,组织实施""反馈情况,接受监督"五个基本步骤;明确了村(社区)党组织和村(社区)居委会的牵头作用。在市一级制定实施意见的基础上,区一级进一步细化协商规则。姑苏区在2018年制定了《关于加强社区协商民主建设的实施意见》,2019年出台了《姑苏区社区协商事项指导目录》,围绕"社区微更新"、社区治理营造、社区公共管理难题化解等开展协商,着重推进协商方式方法的落实,建立民意征集、协商会议、专家咨询、补充听证、提交表决、公开公示等工作制度,配合项目征集、项目实施,凝聚基层智慧,协同合力解决老城区社区治理的老大难问题。

二是以村(居)民议事会为主体开展多种形式的社区协商实践。协商议事的机制在社区治理中普遍推行,截至2019年6月,全市范围内村(居)民议事会、恳谈会、协商共治小组等城乡社区议事组织覆盖率超90%。其中,张家港市通过"五步工作法",把村(居)民议事会作为社区协商的主要平台,村(居)民议事会覆盖率达到97%,推动

链接

作为民主自治的典范,昆山首个"全国民主法治示范村"市北村将"村规民约"的修订和完善作为新形势下提升依法治村水平的重要抓手,着力在规范制定程序、优化内容条款、做实执行监督上下功夫,有效提升村民自治能力。2015年,市北村村规民约在司法所、民政办、法律顾问、村委干部、老党员及村民代表等多方力量10余次的意见征集与协商探讨下修订完成,成为村民日常行为的行动指南和生活范式。2018年12月,市北村村规民约入选民政部征集的优秀村规民约,成为全国乡规民约优秀范例。

——《昆山"三治融合"奏响乡村振兴和谐曲》,名城苏州网,2019年12月16日,略有改动

基层干部思维观念由"替民做主"到"由民做主"转变,构建了"基层党组织领导—村(居)议事会民主协商—村(居)民代表大会民主决议—村(居)委组织实施—村(居)务监督委员会民主监督"的基层群众自治新机制。常熟市形成了"两平台双议事"的协商机制,以"沙家浜春来月谈"和"虞山镇开放空间议事会"模式为平台,建立"干部与群众议事、群众与群众议事"机制。"春来月谈"邀请村民代表、党员代表、企业主代表、种养殖代表等各类人员,与村"两委"班子成员、挂村干部零距离交流。常熟市、姑苏区等普遍推行了"开放空间议事会"等举措。姑苏区还推介实行了"罗伯特议事规则"等现代会议技术和议事规则。一系列涉及养老、慈善等民生项目,如双塔街道翠园社区的"苏食会翠"项目、沧浪街道三香社区的"爱心充值驿站"项目均通过开放议事的方式协商推进,取得良好成效。苏州工业园区充分发挥社区党组织的引领作用,推行了"红色管家"协商议事平台建设,由社区党组织牵头,会同小区业委会和物业服务企业签订三方协议,明确在社区治理中的权责和义务,还通过"微信+楼道"的方式,有针对性地吸纳年轻居民和年老居民参与,多渠道受理居民诉求,依据三方协议合理流转诉求,协商推动解决。

三是突出村规民约在社区协商治理中的作用,保障村规民约合法合理性。村规民约是村(社区)居民在自治过程中通过民主协商程序集体订立、共同遵守的规定村(居)民权利义务的章程,在村(居)民自治中发挥着"小宪法"的作用。苏州基层村(社区)的村规民约,由村(社区)党组织和村(社区)居委会发起,在内容上注重结合村(社区)生活实际,体现基层社会治理的特点和需求,注重弘扬文明乡风、推动移风易俗,尤其是把社会主义核心价值观和社会公德、家庭美德融入其中。村规民约在实践中扮演着村居民认可的公道标准，与"老娘舅"、新乡贤、老党员作用发挥相结合，在环境整治、垃圾分类、邻里和谐、公平福利等方面发挥着潜移默化的规范作用。其中，昆山周市镇市北村和张家港杨舍镇李巷村的村规民约入选全国百个优秀村规民约案例。为了保证村（居）民自主订立的村规民约合理合法，推进基层社会治理法治化，苏州全面推行了社区法律顾问全程参与村规民约的梳理工作。苏州市法宣办2017年5月召开全市专项梳理座谈会，部署对村规民约、社区公约的全面梳理工作，并把相关情况纳入申报和复查民主法治示范村（社区）的内容之中。根据部署，苏州对全市2123个村（社区）已成文的公约进行了梳理，并报区县司法局备案。此外，苏州工业园区司法局结合"美好生活·德法相伴"系列活动，推动社区法律顾问全程参与社区公约的制定和修订过程，做到事前对内容提出指导性法律意见，确保合法有效，在修订过程中对居民提出的汇总意见进行合法性判断，对修改草案审核把关，在公约修订后继续为社区执行居民公约提供法律支持，助推社区治理法治化。

第三节 民主协商推进苏州基层社会治理法治化的经验启示

苏州运用民主协商方式推进基层社会治理法治化，取得显著成效，促进了市域社会治理现代化，所形成的基本经验对于进一步完善社会治理体系，推进社会主义协商民主具有鲜明的借鉴意义。同时也要看到，民主协商在基层社会治理中的运用还有很大的拓展空间，民主协商与社会治理法治化仍须进一步契合。

一、民主协商推进苏州基层社会治理法治化的成效

以民主协商推进基层社会治理法治化提升了苏州基层民主与法治建设水平，截至2019年年底，苏州市已建成全国民主法治示范村（社区）12个，省级民主法治示范村（社区）978个，数量位居江苏省前列。总体而言，民主协商在苏州基层社会治理中的广泛运用，从治理依据、治理体系、治理方式、治理内容等方面全面推进了治理的法治化、现代化水平。

首先，民主协商实践夯实了基层社会治理的法律和制度依据。在市级层面，苏州市人大开展立法协商，广泛听取社会各界意见，让利益相关群体表达实际关切，并通过基层立法联系点深入群众，围绕出租房管理、烟花爆竹燃放、古城保护、水污染等难点问题，充分开展民主协商，制定了一系列科学有效的地方社会治理法规。在村（社区）层面，通过民主协商的方式，广泛制定了村规民约和社区公约，作为村（社区）治理共同遵守的制度依据。这些法规、公约的制定，为苏州市基层社会治理法治化提供了良法之治的法理

第三章 民主协商是推进基层社会治理法治化的重要方式

基础和行为遵循。同时,立法协商中多方协商的过程、媒体宣介的运用,促进了法律知识的宣传,推动了法治社会建设。

其次,民主协商推动了基层社会治理多元主体互动合作。一方面,苏州各级人大和各级政协机关运用民主协商机制,推动了人大代表、政协委员、民主党派、工商联、无党派人士、人民团体和社会组织及政府各职能部门围绕社会治理建言献策、协商互动。另一方面,在村(社区)治理中,在苏州发端并得到全面推广的"政社互动""三社联动"等治理创新,本身包含了吸纳多元治理主体的因素,通过村(居)民协商议事会等民主协商机制的运用,进一步推动了村(社区)党组织、自治组织、业委会和物业服务机构、居民群众、社会服务组织等协商互动,形成社区治理的合力。

再次,民主协商为基层群众实现有序参与和自我管理提供了有效方式。民主协商相对于其他民主形式,其独特优势在于持续、可控、有效的参与。在基层社会治理中,基层群众通过参加协商议事会、听证会、恳谈会、评议会、会客厅等各种形式的民主协商机制,表达了利益要求,参与了身边事项的决策,打破了以往村(居)委会选举之后村(居)民无从参与村(社区)事务的困境。民主协商机制应用推动了基层治理体制的优化,通过持续的参与和广泛的协商实现了对村居事务的有效监督,深化了村(居)民自治,同时民主协商以"讲道理"和"讲法律"结合,推动了村(社区)形成自治、法治、德治"三治合一"的现代化治理方式。

最后,民主协商推动了基层社会矛盾问题的化解,有效凝聚了社会共识。地方人大和政协开展的民主协商能够服务大局、聚焦中心工作,瞄准社会治理中的热点、难点问题协商互动、务实监督,集思广益、建言献策,促进了问题解决,推动了源头治理,发挥了

社会主义协商民主的制度优势。基层村（社区）开展的民主协商通过"有事好商量"解决了一大批困扰村（社区）治理的"疑难杂症"。例如，张家港市杨舍镇88%以上村（社区）的日常生活小事，包括乱占车位、毁绿种菜、小煤炉等扰民问题都是通过社区议事会解决的。在村（社区）民主协商中，还涌现出一大批在村（居）民中有威望、有公信力的乡贤能人，夯实了村（社区）自治的群众基础。

二、苏州以民主协商推进社会治理法治化的基本经验

苏州在社会治理法治化进程中运用民主协商机制，形成了一系列行之有效的经验做法，保证了民主协商在程序合法前提下能广聚民意、正确决策、解决问题，总体上做到了"涉及一个地方人民群众利益的事情，要在这个地方的人民群众中广泛商量"[1]。

首先，始终坚持党对基层民主协商的领导和指导。党的领导是社会治理正确方向的政治保证，在民主协商过程中，必须坚持党的领导，发挥党组织总揽全局、协调各方的领导核心作用。具体而言，苏州地方人大和政协中的党组、地方和基层村（社区）党组织，都注重发挥在民主协商中的组织和主导作用。从提出协商议题、确定协商范围（参与主体），到把控协商过程、形成协商共识，再到落实协商成果，党组织都要加强领导。党的领导作用最重要的是把准方向，善于把党的方针政策贯穿于协商之中，从群众中来，到群众中去，广聚民意形成政策，又以和风细雨、潜移默化的方式让参与协商的各方自觉接受党的政策。

其次，始终坚持依法有序、积极稳妥开展协商。民主协商虽然强调多元参与和持续互动，但同样存在着制度化、规范化的要求，

---

[1] 中共中央文献研究室. 十八大以来重要文献选编（中）[M]. 北京：中央文献出版社，2016：74.

第三章　民主协商是推进基层社会治理法治化的重要方式

强调人民有序的政治参与。协商首先要依法依规进行。苏州人大和政府相关部门根据协商的需求和实际，制定了相关法规和规则，规范协商的内容和程序，保证有法可依。地方司法职能部门还对村（社区）自主订立的协商程序进行系统的法律审查，防止可能存在的违反法律政策的情形。党组织、基层政府、村（社区）自治组织充分发挥对协商的把控和监督作用，保证协商的议题和内容符合法律和政策的要求，在协商过程中注重意见引导，保障协商各方在充分发扬民主的基础上达成共识。

再次，始终坚持真协商，把协商与决策办事、解决问题结合起来。苏州基层协商主体在民主协商实践中，注重把协商和解决问题紧密结合起来，坚持真协商的原则，尽可能做到事前协商，在决策的酝酿阶段就广泛征求各方意见。在决策过程中，通过协商形成利益综合，保证决策的民主性与科学性。在决策之后的执行过程中，继续充分发挥协商的作用，尊重利益相关方的合理诉求，并对协商成果的执行进行有效监督。坚持真协商，杜绝"假协商""事后协商""形式协商"等违反协商原则的现象，是社会各界和基层群众愿意参与协商的重要动力。

最后，始终坚持广泛参与、多元多层、形式多样的协商原则。基层民主协商是人民群众能够真实、广泛参与的协商过程，苏州在开展基层协商的过程中，坚持协商于民、协商为民的要求，健全便利于人民群众参与的协商机制，真实反映群众意愿。在实践中，苏州基层民主协商已形成开放、立体的协商机制，呈现出多元、多层的特征。协商实施层级涵盖市县、镇街道、村（社区）、管理网格等。协商参与主体多元，包括党组织、政府机关、人大和政协机构，企事业单位、村（社区）各类组织、社会组织，以及相关群众，都可根据协商需要积极参与。在协商过程中,创新利用多种协商形式,包括立法协商、政协协商、村(居)民议事会、网络协商等各种形式,便利社会各界有效参与。

三、优化基层社会治理法治化中民主协商作用的思考

民主协商在基层社会治理中的运用仍有广泛的发展空间。作为一种议事决策机制,民主协商自身有提升规范化、制度化水平的需求,在基层社会治理体系中与法治保障也有进一步契合的内在要求。

首先,建立协商制度体系,推动民主协商进一步规范化、法治化。当前,关于基层民主协商已制定了一些协商程序和议事规则,主要集中在正式的立法协商、政协协商。对于涉及范围更加广泛的村(居)民议事会协商,仍以自发规则或不成文惯例为主,需要总结梳理在协商议事中行之有效、具备推广价值的协商议事做法,包括协商主体的遴选、协商议题的确定、协商内容的规范、协商成果的形成等,进一步明确规范,形成正式规则,使基层协商更加有章可循。通过民主协商程序规则的规范化、法治化,保障协商过程和协商结果的公信力,并以此杜绝"假协商""形式化协商"等问题。把基层各类协商的制度规则连缀成协商制度体系,纳入社会治理法治体系之中。

其次,在基层民主协商的依据和内容中进一步提升法治的比重,促进协商于法。顺应社会法治化的趋势,引导基层民主协商由"讲道理"更多地向"讲法律""讲规则"发展。为此,要加强对基层村(社区)的法律普及工作,重点为基层民主协商中经常性参与主体,如村(社区)党组织、自治组织和社会组织成员,以及村(居)民代表、楼道长等热心人士,提供契合需求、通俗易懂的法治教育,帮助他们在参与协商过程中自觉尊法、善于用法,促进协商与法治

的有机结合,推动全民守法的法治社会建设。

再次,进一步加强人大、政协民主协商与村(社区)基层协商的有效对接。地方人大、政协开展的立法协商、政协协商更为规范,协商的问题具有典型性,应当与带有自发性、广泛性特点的基层协商有效对接。一方面,通过自下而上的方式,在立法协商、政协协商中有针对性地邀请村(社区)居民代表和相关人员参加,更好地发挥基层立法联系点、街道人大和政协工委的联络作用,把基层利益要求表达出来;另一方面,通过自上而下的方式,支持人大代表、政协委员积极参与村(社区)的基层民主协商,充分发挥引导作用,把帮助基层解决问题的过程同时作为充实调查研究的过程,使自身在参与人大、政协协商时,提案、建议论据更接地气、更加扎实。

最后,进一步加强政府职能部门在基层协商方面的作用,保证协商成果的运用。民主协商最后和最根本的环节就是协商成果的运用。如果只协商不解决问题,协商就失去了意义,也不会吸引协商主体真实参与。基层民主协商成果的运用有的可以在基层自治范围内落实,但更多地离不开政府职能部门的参与,而且基层中带有普遍性、共通性的问题,仍需政府职能部门从更高层面在源头上加以治理。因而,在基层协商中,政府职能部门应当主动参与,从政策执行的角度在协商过程中提出意见、加以引导,在协商之后保证协商成果的运用,并以此提升政策制定和执行水平。

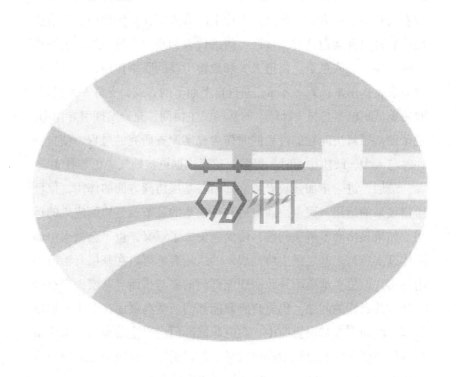

第四章

社会协同是推进基层
社会治理法治化的基本路径

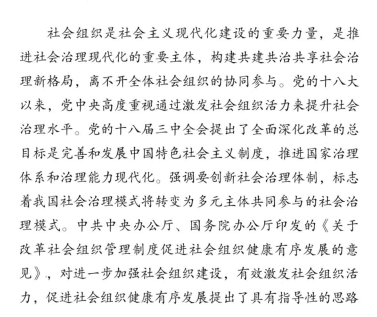

　　社会组织是社会主义现代化建设的重要力量,是推进社会治理现代化的重要主体,构建共建共治共享社会治理新格局,离不开全体社会组织的协同参与。党的十八大以来,党中央高度重视通过激发社会组织活力来提升社会治理水平。党的十八届三中全会提出了全面深化改革的总目标是完善和发展中国特色社会主义制度,推进国家治理体系和治理能力现代化。强调要创新社会治理体制,标志着我国社会治理模式将转变为多元主体共同参与的社会治理模式。中共中央办公厅、国务院办公厅印发的《关于改革社会组织管理制度促进社会组织健康有序发展的意见》,对进一步加强社会组织建设,有效激发社会组织活力,促进社会组织健康有序发展提出了具有指导性的思路和措施。党的十九大以来，中央多次强调要激发社会组织活力，鼓励和支持社会组织参与社会治理。党的十九届三中全会报告提出，要推进社会组织改革，激发群团组织和社会组织活力。党的十九届四中全会强调在构建基层社会治理新格局中要发挥群团组织、社会组织作用，发挥行业协会商会自律功能。苏州在引导和发展社会组织、在基层社会治理法治化坚持社会协同方面进行了不断探索和实践，从中可以获取许多有益的经验和启示。要顺应人民群众新期待和国家发展的大趋势，在推进基层社会治理法治化进程中充分发挥社会组织的独特作用，通过社会协同全面融入社会治理和社会实践，全面体现社会组织在国家治理、社会治理、社区治理过程中的重要作用。

第四章　社会协同是推进基层社会治理法治化的基本路径

第一节　基层社会治理法治化坚持社会协同的重要价值

新时代我国基层社会治理现代化被赋予了新的内涵，我国正在重新构建基层社会治理新格局。社会组织是基层社会治理和群众自治不可或缺的主体，社会组织在治理模式转变中发挥着重要作用。社会组织的社会协同对于推进国家治理体系和治理能力现代化具有重要意义。随着我国经济社会的不断发展，社会利益格局呈现多元化的趋势，社会组织利用其独特的优势更多参与社会治理成为社会发展的必然趋势。"引导社会组织健康有序发展，充分发挥群众参与社会管理的基础作用。"[1]鼓励和引导遍布于城乡的各种社会组织积极参与基层社会治理，加强社会调节和社会整合，是体现多元主体完善治理机制、有效整合社会资源增强合力、满足基层多样多元公共服务、化解基层复杂多变社会矛盾、促进社会自我管理和服务、优化基层社会治理法治化生态的要求，有助于完善社会治理体系，保障社会安定和谐。

一、体现多元主体完善治理机制的要求

党的十九大报告指出，要"加强社区治理体系建设，推动社会治理重心向基层下移，发挥社会组织作用，实现政府治理和社会调节、居民自治良性互动"[2]。新时代推进基层社会治理要立足于基

---

［1］　中共中央文献研究室.十八大以来重要文献选编（上）［M］.北京：中央文献出版社，2014：30.

［2］　中共中央文献研究室.十八大以来重要文献选编（上）［M］.北京：中央文献出版社，2014：35.

层社会治理的特征和要求，改革和完善基层社会治理体制机制，形成各主体共同参与的共建共治共享的社会治理新格局。随着社会文明程度的提高和公众民主意识的提升，参与基层社会治理的主体已经由一元向多元转变，仅仅强调和依靠政府的权威和绝对地位已经不能适应新形势的需要。现代社会治理格局强调党委、政府、社会、公众等多元主体参与，多种治理主体发挥各自的特点和优势，协同化推进，变单向性的政府管理模式为双向互动的社会共治模式。充分发挥各类社会组织提供服务、反映诉求、规范行为的职能作用，弥补政府、市场在提供公共物品和处理社会事务方面的不足，实现基层政府与基层社会自治的良性互动。在多元化社会治理格局中，社会组织承担着参与社会治理、强化自身治理、协同国家治理、健全治理机制、提高治理效能的重要使命。

应该看到，由于历史、现实的原因，在目前基层社会治理领域发挥社会治理多主体作用显得不足，社会组织的发展还处于初级阶段，缺少独立性和自主自治意识，自治能力不强，还不能与政府治理形成有效互动和衔接。因此，推进基层社会治理要着力发挥社会组织的作用，使其在基层社会治理中有更加深厚的基础和生长空间。要大力培育和扶持社会组织，通过制度性供给，给予政策上的扶持和引导，支持志愿者、行业协会、民间团体等社会组织的发展和壮大，赋予社会组织更多资源和更大空间，促进社会组织实现自身结构和功能优化，使社会组织成为社会治理的真正主体。社区社会组织成为社区工作主体多元化的重要力量，成为政府、社区居委会与社区居民之间沟通联系的中介，也成为居民参与社区管理和公共服务的重要载体。社会组织正是为社区自治、政府良好治理与群众自治的有效衔接和互动提供平台。

第四章 社会协同是推进基层社会治理法治化的基本路径

二、有效整合社会资源增强合力的要求

党的十九届四中全会强调,要推进社会治理和服务重心向基层下移,把更多资源下沉到基层,更好提供精准化、精细化服务。"多元化的社会主体为地方治理提供了创新的思想源泉和人力支持,这为打破僵化的行政体系、提高社会管理的满意度以及减少政府管理成本提供了有效途径。"[1]多元化社会主体参与基层治理提高行政效能的重要途径就是有效整合社会资源、增强社会合力。随着社会主义市场经济的不断深入发展,人民群众的需求正从物质文化需求向美好生活需求逐步过渡,社会组织需要更多地协同参与基层社会治理,有效整合社会资源,增强社会治理合力。一是加强社会组织协同整合社区资源。社区居民需求内容与层次差异较大,社区社会组织根植于社区,大多由居民自发组织而成,社区社会组织与社区两者有着天然的联系,有利于社会组织发挥桥梁、纽带作用,通过组织协调带动社区居民广泛参与社区治理,统筹和协调各类社区资源,使党建资源、政府资源、市场资源、社会资源等得到有效配置。提高社会组织参与治理的精准度和服务有效性,使社区资源得到更为充分的利用。二是加强社会组织协同整合社区自治力量。社区是人口和社会矛盾集中的地方,只有实现社区治理多元化才能从根本上解决社区问题。社会组织能够充分发挥社区积极分子的作用,促进居民交流,推动居民主动、全面地参与社区公共事务;社会组织能够激发群众自治热情,实现居民自我管理,凝聚社会参与合力。浙江省湖州市德清县以城乡体制改革为契机,积极培

---

[1] 蒋源.从粗放式管理到精细化治理:社会治理转型的机制性转换[J].云南社会科学,2015(5):9.

法治力
——基层社会治理法治化的苏州样本

> **链接**
>
> 新型冠状病毒感染的肺炎疫情暴发以来,苏州驴先生等公益机构的志愿者们积极投身到车站、高速路口等各个重要交通卡口,密切配合公安、交运、卫健等部门,逐个排查进入苏州的车辆和人员,对车上人员进行体温检测,详细询问和登记每一辆车的出行路线,尤其是对疫情高发地区的车辆进行排查,做好人员登记。截至2020年2月2日,苏州全市已紧急成立志愿服务团队2238支,组织开展防疫志愿服务活动7835个,共计参与志愿者122781人次,其中防控宣传5000余人次、体温检测1800余人次、卫生检疫3500余人次等,累计提供志愿服务120余万小时。
>
> ——《同心抗疫情,万余名苏州志愿者传递苏城温暖与力量!》,名城苏州网,2020年2月2日,略有改动

育发展社区"乡贤参事会",构建基于法治、德治、自治相融合的"三位一体"治理体系,形成以党组织为核心、自治组织为基础、社区社会组织为补充的社区治理新格局,社会组织积极参与社区治理和服务,充分发挥了社会组织在服务提供、资源支撑等方面的作用。

从此次新冠肺炎疫情防控实践来看,社会组织通过利用自身优势整合各种资源,发挥了积极作用。各类社会组织从维护人民群众生命安全和身体健康出发,积极开展工作。科技类、专业性、学术性社会组织加强科学知识普及,引导社会公众相信科学,不信谣、不传谣。一些慈善机构在救援组织、捐助渠道拓展、仓储和物流管理等方面具有突出优势。一些文化艺术团体则通过文艺作品的创作和传播给人们以精神激励。还有很多志愿者组织主动深入基层,贴近防疫一线,传播科学防疫知识,引导群众增强信心,参与社区服务工作,满足百姓生活所需。

三、满足基层多样多元公共服务的要求

人民群众对美好生活的需求越来

第四章 社会协同是推进基层社会治理法治化的基本路径

多样化、多层次,仅靠政府部门和身边的社会组织已经难以满足。社会所需的公共产品、公共服务既要求政府通过行政、借助市场手段提供,也要求市场化组织通过市场手段提供,还要求社会组织通过有效方式来提供。社会组织拥有联系基层社会公众的内在天然优势,拥有更加准确、及时了解基层公众需求,提供多样化公共服务的优势,社会组织协同政府工作满足群众需求。当前社会组织服务已覆盖到经济、文化、教育、卫生、治安、养老、济困等社会生活的方方面面。政府相关部门应把握社会治理创新的趋势,重视社会组织的力量,充分利用好相关政策,加大政府购买服务力度。社区根据需要选择购买生活服务、公益慈善、文体活动和专业调处等类的社会组织服务,开展居民活动,提供专业服务,将专业的事情交给专业的人去做,以提高服务供给效率。

实践证明,社会组织的基层治理协同已经在多元公共服务中展现了全新的思路。近年来,上海普陀区注重社会组织发展与民生服务相结合,通过建立社区基金会、推进政府项目采购、放大品牌服务效应,动员和引导社会组织参与基层治理。通过社区基金会对接社区需求和社会组织培育孵化,为社会组织发展提供更多资金和项目支持。推进建立政府购买服务机制,普陀区将符合社区治理和群众需要的生活服务、公益慈善、文体活动、专业调处等社区服务内容,纳入政府购买服务指导目录,将符合条件的社区社会组织纳入承接政府购买社区服务的社会组织指导目录,优先推荐。广东深圳社会组织蓬勃发展,它们承接政府职能转移事项,为居民提供专业服务,有效促进社区融合与基层和谐。居民想在社区里看一场文艺演出时,社区文体娱乐类社会组织会送上公益演出;社区里的困难群众需要帮助时,社区基金会为他们定制帮扶服务。浙江绍兴以创新发展"枫桥经验"为引领,通过构建社会组织的活力体系、多元体系、红色体系,推动社会组织打通服务群众的"最后一公里",补位基层公共服务供求缺口,这些自发成立并发展起来的小组在社区治理中发挥着重要作用。

四、化解基层复杂多变的社会矛盾的要求

我国社会主要矛盾的转化对于社会区域间、城乡间、人群间的协调发展提出新的要求。基层社会的矛盾和问题也日益呈现复杂化、多元化的趋势,社区成为各种矛盾纠纷的聚焦点和各种利益诉求的交会点。特别是随着社会主义市经济体制改革的深入,社会结构发生深刻变化,区域之间、城乡之间、行业之间的收入差距扩大,社会利益结构快速分化,新的利益群体、利益阶层不断出现,社会利益主体多元化的趋势日益明显,不同阶层、不同人群之间的利益关系日益复杂化,致使基层社会矛盾复杂多变。这些情况对多元主体共同参与利益和矛盾调处提出新的要求。如果基层社会治理仍旧是供给主体单一、治理精准度不够、精细化程度不高,政府就不能有效应对基层社会矛盾处理的要求。而社会组织具有公共属性和灵活的运行方式,它作为基层社会治理主体在多方参与主体之间起着了解社会意愿、化解社会情绪、缓解社会矛盾的作用,为实现社会共治提供沟通交流平台。能够有效缓解政府主体在资源配置等方面的体制问题,更易于找到各方主体利益平衡点,使各方在共同利益诉求下得以协同合作。社会组织在完善社会矛盾利益表达机制、协商沟通机制、救济救助机制、预警防治机制,化解社会矛盾纠纷过程中担当着不可或缺的角色,是完善法治化社会矛盾化解体系的重要力量。

当前,全国各地都在探索推动社会组织参与社会协同,通过法治化、系统化、综合化的方式解决基层治理中的各种社会矛盾。苏

第四章 社会协同是推进基层社会治理法治化的基本路径

州已经建立比较完善的社会矛盾多元化解机制,包括社会组织、专业性社会机构以行业规范、职业规范、道德为手段的社会化解机制,基层社区组织与社会名流以道德、乡规民约为手段的社区矛盾化解机制。许多社会治理主管部门主动培育、引进专业服务性社会组织,提供社会服务,有效化解社会矛盾。贵州黔南瓮安县进一步改革政府购买服务机制,以社会矛盾化解为重点,有针对性地建立基层社会组织,并建立专项资金,对社会弱势群体予以法律援助及司法救助,对在乡村、社区两级实施矛盾纠纷化解、特殊人群救助等工作的社会组织予以奖补,有效发挥社会组织在预防和化解社会矛盾机制建设中的积极作用。

五、优化基层社会治理法治化生态的要求

党的十九届四中全会提出建设人人有责、人人尽责、人人享有的社会治理共同体的新目标,政府、社会组织、公众等在社会治理中形成相互联系、相互依存的关系。基层社会治理法治化需要理想的政治生态作为前提条件。"发挥基层各类组织协同作用,实现政府管理和基层民主有机结合。"[1]社会组织协同参与是优化基层社会治理法治化生态的要求。首先是优化基层治理结构的要求。基层社会治理法治化是一个涉及各个社会领域、环节众多、内容复杂的系统工程,社会组织参与是重要方面。在完善社区治理结构中,社区治理需要基层人民群众组织,这不能完全依靠行政的、计划的、指令的秩序维系,更需要民主的、协同的、共享的治理和建设。社会组织规模小、结构灵活,有明显的专业优势和技术优势,在联系

---

[1] 中共中央文献研究室.十八大以来重要文献选编(上)[M].北京:中央文献出版社,2014:21.

基层、丰富治理主体结构方面具有优势。其次是优化民主运行机制的要求。这全面体现在民主协商、民主决策、参与民主管理、民主监督等民主治理的各个环节，其中的民主协商是民主运行机制中的核心内容，民主协商使各治理主体充分表达意见，培养主体意识。而社会组织协商是推动社会治理和公民自治的有效民主形式。要"加强社会主义协商民主制度建设，推进协商民主广泛多层制度化发展，构建程序合理、环节完整的协商民主体系"[1]。在加强党政、人大、政协、人民团体等协商的同时，作为代表社会多层面、多角度、多诉求的角色，社会组织是不能忽视的重要分子。作为民众与政府之间桥梁和纽带的社会组织，通过各种活动增强民众权利意识和责任观念，引导民众参与民主协商、参与民主管理、维护民主权利、提高民主实践能力。苏州市人大及其常委会将包括社会组织在内的社会力量参与立法作为推进民主立法的具体体现，作为立法质量的衡量标准，建立健全各方主体有效参与机制，不断提高地方立法工作的透明度和参与度。最后是优化基层民主参与氛围的要求。目前公民的参与方式正由绝对服从向被鼓励参与转变，良性的社会治理机制鼓励不同主体相互合作、相互学习、相互支持，各自相互激发潜能和动力，给社会增加生机和活力。社会组织能够营造社会共识的良好氛围，向上承接政府的政治信任，下沉基层凝聚社会共识。社会组织的公益性、利他性与传递出来的维护公共精神、奉献合作精神及多元共存的价值观念，有利于在人与人之间的交往中传递正能量，增强民主氛围，有助于民众养成良好的民主行为规范和民主参与习惯。

---

[1] 中共中央文献研究室.十八大以来重要文献选编（中）[M].北京：中央文献出版社，2016：163.

第四章　社会协同是推进基层社会治理法治化的基本路径

第二节　苏州基层社会治理法治化坚持社会协同的实践做法

苏州按照党和国家关于促进社会组织健康有序发展、推进国家治理现代化的要求，准确把握新时代社会组织新定位，坚持党的领导，坚持改革创新，坚持依法治理，坚持积极稳妥推进基层社会治理法治化的社会协同工作。培育和发展参与基层治理的社会力量和社会组织，做好社会组织参与基层社会治理法治化的规划和管理，拓展社会组织参与基层社会治理法治化的平台和渠道，加强社会组织参与基层社会治理的引领和支持，建立健全社会组织参与基层社会治理的动力机制，着力探索基层社会治理法治化社会协同的有效模式。强化社会组织在社会治理中的主体地位，创新发展思路，创造发展条件，优化发展环境，促进社会组织服务国家、服务社会、服务群众、服务行业，发挥社会组织基层社会治理法治化中的社会协同作用，加快推进苏州社会治理现代化。

一、培育和发展参与基层社会治理的社会力量和社会组织

苏州培育和发展社会力量和社会组织是经济社会发展的迫切需要。苏州大力培育和发展社会组织和社会力量，让社会组织成为社会公共服务的有力供应者、社会矛盾冲突的有力协调者、完善基层社会治理的有力促进者。苏州对社会组织通过降低门槛、放宽条件、简化程序等措施，引导其注册登记，积极鼓励设立公益慈善类社会组织和基层社会组织，全市基本形成功能有别、错位发展、较为完善的社会组织培育体系。推动行业协会、商会改革，探索政府与行

业协会、商会互动的模式和路径。加大政府资金对公益创投、公益采购、社会组织标准化建设、培育基地建设、从业人员培训等方面的投入，制定财政扶持社会组织发展政策。落实扶持举措，在活动场地、资金、服务设施、业务指导、人才培育等方面全方位支持。苏州加强社会组织培育基地建设，全市累计建成各类培育基地221家；开展社会组织负责人能力提升工程，促进社会组织构建法人治理结构；完善政府向社会组织转移职能和购买服务机制，资助各类为民服务项目覆盖所有街镇和近600个社区、乡村，促进社会组织健康发展。苏州坚持重点扶持和多元扶持相结合，深入分析群众的多样化需求，加快培育发展生活服务类、公益慈善类、居民互助类社区社会组织。

苏州以政策为先导，确立发展重点，开展实践探索，以建立改革创新观察点的方式先行先试，通过典型示范、现场会引导等方式，形成社会组织健康发展的局面。城乡社区社会组织得到蓬勃发展，正逐步形成类型广泛、覆盖全面、建设规范的城乡社区社会组织体系。截至2019年6月，全市社会组织登记总数达9476家，全市各类社会组织直接提供就业创业岗位超过4.2万个。苏州社会组织的作用发挥持续扩大，全市近900家行业协会商会带领10万多家工商企业助力苏州经济发展，5000多家社会服务机构在教育、文化、医疗、体育、民生保障等方面为广大市民提供专业服务，18000家社区社会组织在城乡社区参与社区治理，为居民群众提供多样化服务。

二、做好社会组织参与基层社会治理法治化的规划和管理

苏州规划和推进基层社会治理，加强法治制度保障，为社会组

第四章 社会协同是推进基层社会治理法治化的基本路径

织参与基层社会治理创造条件。鼓励社区把培育发展社区社会组织纳入经济社会发展总体考虑，扶持初创期社会组织，鼓励优秀社会组织落地本社区。积极引导城乡社区社会组织参与基层矛盾化解以维护基层社会稳定，参与公共服务以维护基层社会和谐，参与文化建设以促进基层社会文明发展和乡村振兴。苏州姑苏区科学规划，创新举措，共搭建20个社会组织孵化基地、33个"三社联动"综合体，入驻社会组织达200多家，已经形成区、街道、社区三级孵化网络。同时通过搭建社会组织交流互动平台，编制《姑苏区社区治理社会组织推荐目录》，每年开展公益项目公开推介、供需对接会，各类公益服务项目与承接组织形成高效匹配和有效对接。

苏州着力健全社会组织监管体系，规范管理社会组织，出台《关于改革社会组织管理制度促进社会组织健康有序发展的实施办法》，成立市社会组织管理工作联席会议，加快构建现代社会组织管理体制。苏州业务主管单位和登记管理机关指导为主、相关部门配合的综合管理体制初步形成。优化社会组织登记、年检、评估、监管、执法等登记管理服务事项，探索推广聘请第三方机构定期评估、设立社会组织监督员、推进枢纽型社区社会组织建设等新的管理方式和手段。第三方等级评估和对地方社会组织发展的考评机制广泛用于引导社会组织规范发展。建立全国联网的社区社会组织信用评估体系，实现对社会组织行为的精细化、长效化管理。在放宽准入同时，民政部门将年检、随机抽查、专项检查、约谈法人、重大事项报告作为日常监管的重要抓手，依法开展行政监管。持续加强监管密度，通过做细年度检查、做优等级评估、做实执法检查、做强互联网监管平台等手段强化监督管理。

三、拓展社会组织参与基层社会治理法治化的平台和渠道

苏州建立社会组织综合服务平台，创建各种服务平台和公益平台，给社会组织促进经济发展、管理社会事务提供公共服务的舞台，支持社会组织在创新社会治理、化解社会矛盾、维护社会秩序、促进社会和谐等方面发挥作用。苏州工业园区青年汇社区不仅积极主动帮助已经注册的社会组织"走出去"拓展"业务"，还根据小区居民的需求积极引进社会组织，把众人需要的社会组织"引进来"，给社区孩子们营造多样化的第二课堂。苏州太仓为帮助社会组织应对初创期困境，给予资金、项目、人才、场地、平台、服务扶持，在镇、街层级成立社会组织孵化园，在部门条线上成立专业性较强的社会组织培育中心，培育出一批公益类和社区服务类社会组织。苏州支持社会组织尤其是行业协会商会在服务企业发展、规范市场秩序、开展行业自律、制定团体标准、维护会员权益、调解贸易纠纷等方面发挥作用，使之成为推动经济发展的重要力量。成立于2017年的苏州市无锡商会以服务立会促进企业发展，以活动兴会增强商会活力和凝聚力，帮助家乡招商引资，为苏锡两地经济发展做贡献。

苏州积极探索在城乡社区层面建立社区社会组织孵化机制，拓展社会组织发挥作用的渠道。苏州工业园区唯亭街道加强社会组织孵化培育，政府在社区社会组织孵化培育中发挥作用，街道社会组织服务中心直接推动社会组织孵化培育和引进工作，社会组织在组织建设、经费来源、相关政策方面获得扶持，在满足居民需求、整合社区资源、社区治理创新方面取得显著成效。苏州高新区狮山横塘街道社会组织创新空间投入运营，为辖区内社会组织的发展提供

第四章　社会协同是推进基层社会治理法治化的基本路径

培育孵化、能力提升、资源链接、项目对接等服务，为社会组织的发展提供技术支持，搭建政社之间的资源对接平台。苏州姑苏区沧浪新城通过创新社会化运作，在四季健康普惠中心、凤凰公益坊、锦沧公益坊项目中分别采取无偿合作、低偿委托等方式引入专业社会组织力量，孵化草根社会组织，实现公益服务平台资源配置的最优化、服务的专业化、居民受益的最大化。

四、加强社会组织参与基层社会治理的引领和支持

苏州在促进社会组织协同参与基层社会治理中，坚持党组织的引领，把社会组织的发展同基层党组织建设统一起来，充分发挥党组织在社会组织中的政治核心作用，使其成为基层党组织功能发挥的重要资源。苏州在全省率先成立市社会组织党委，实现"党建引领社建，社建固强党建"。2020 年，全市有 6 个县市（区）成立社会组织综合党委，市社会组织党委先后发展 1 个总支、18 个支部，全市社会组织中已建立党组织 500 多家、覆盖党员 9000 多名。以"党建带社建"，建好社会组织、社会工作

> **链接**
>
> 在近期开展的姑苏区第七届微公益创投项目中，苏州吴门桥街道凤凰公益坊积极鼓励引导辖区社会组织申请项目，帮助支持其完成项目需求调研、项目申报、遴选评审、项目优化等环节，取得较好成绩。在近期项目签约中，姑苏区共签约 17 个项目，签约总资金 220 多万元。其中，落地在吴门桥街道社区开展项目实施的项目有 6 个，签约总资金超过 82 万元，占签约项目总资金的近四成。签约机构均为入驻在吴门桥街道凤凰公益坊的社会组织，涉及辖区困境儿童、重度残障人士、孤老、低保、残障老人、高龄空巢人士、独居老人等弱势群体的帮扶工作。
>
> ——《焕新服务用爱温暖困境儿童》，《苏州日报》，2019 年 1 月 8 日，略有改动

室和社区便民服务中心等服务平台,培育好专业队伍、志愿者队伍和社会工作者主力队伍。苏州姑苏区对全区社会组织党建工作进行全面管理和指导,成立社会服务机构发展协会,积极探索社会组织自我管理、自我规范、自我发展之路,在社会组织中开展党建工作,推动党建引领组织发展,促进社会组织党建工作与业务发展融和与共创。

苏州推动社会组织有效参与社会治理,多方面引导和支持社会组织。结合实际,在各街镇成立社区发展基金会,多方面提供孵化、培育、评估等服务,以伙伴式关系为切入点,串联各方资源与服务需求。苏州高新区区、镇(街道)两级政府梳理公布政府购买公共服务项目清单,为社会组织承接政府转移职能进行有效引导;研究制定政府购买服务的办法,明确政府购买服务的项目范围、购买条件、资助方式、操作规程和部门职责,研究制定分步实施方案;建立社区服务多元化投融资体制,推进社区服务的社会化、产业化、实体化进程。苏州姑苏区在区级层面成立社会组织发展促进会,总体把握姑苏区社会组织发展方向;在街道层面成立幸福联盟,承担对辖区内社会组织服务、培育、规范管理的职能,形成扎根社区的新型服务载体;在社区层面加大对草根社会组织的培训,逐步引导草根社会组织向规范化、专业化方向发展。

五、建立健全社会组织参与基层社会治理的动力机制

苏州实施激励制度和政策,鼓励社会组织及工作人员积极参与基层社会治理。设立培育发展社会组织专项资金,指导支持各类社会组织积极参与公益创投、项目服务。积极整合教育、卫生、文化等各类公共服务项目资金,优先向管理规范、服务优良、群众认同的社会组织购买服务。探索社区基金会等新型社区社会组

织的发展模式，社区基金会发展迅速，在协调多元主体关系、筹集和分配资金方面发挥功用。建立健全社会组织评价表彰机制，支持社会组织融入基层、协同治理，为社会组织特别是公益性社会组织提供办公场地、政策咨询、能力建设、人才培训、项目支持、评估指导等综合性孵化培育服务。苏州姑苏区对社会组织实行政策保障，加大扶持力度，出台《姑苏区社会组织发展扶持政策》《苏州市姑苏区社会组织人才计划实施细则》，对领军人才给予三年内8万元奖励，重点人才两年内2万元奖励；编制《姑苏区社会组织紧缺人才目录》，涉及社会组织管理、社会组织服务、社会组织推广3个类别，包含社会工作督导、社会组织项目管理、社会工作师、项目营销策划等15个紧缺人才岗位，吸引人才落户姑苏。苏州对社会组织参与社会治理做出贡献的行为给予支持和奖励。2020年2月12日，苏州市印发《关于进一步引导激励社会组织依法有序参与新冠肺炎疫情防控工作的通知》，提出信用激励措施，发挥信用正向激励作用，进一步引导激励社会组织参与疫情防控。对在疫情防控中表现突出的社会组织，经登记管理机关与业务主管单位或行业主管部门会商，在苏州市社会组织信用积分管理系统中视情给予加分。对获得加分的社会组织给予政策激励，同等条件下，在办理登记事项变更及相关业务时将享受绿色通道，在参与社会组织等级评估、承接政府授权和委托事项、参与政府购买服务项目、获得资金资助和政策扶持中予以优先，在各类评优评先等工作中优先推荐。

六、探索基层社会治理法治化社会协同的有效模式

苏州全面深化"政社互动"，积极探索社区、社会组织、社会工作"三社联动"，推动社会治理重心向基层转移，打造共建共治

共享的基层社会治理新格局，形成苏州社会组织协同基层治理的有效模式，为推进苏州高质量发展走在最前列夯实基础。苏州探索创新"三社联动"深度融合，稳步推进城乡社区服务社会化全覆盖，实现党领导下的政府治理与社会调节、居民自治良性互动。从社区治理和居民需求实际出发，调查梳理、统筹设计基础服务类、需求调研类、自治增能类、焦点治理类4个大类90个子项的服务清单，涵盖基层自治组织自身难以克服和解决的问题，形成需求征集、民主协商、项目决策、绩效评估、多元参与和社区协同的"三社联动"项目化工作机制。

2008年10月，苏州太仓在全国率先启动"政社互动"探索实践，最初是为实现政府行政管理与基层群众自治有效衔接和良性互动，经过十多年的实践，"政社互动"的内涵和外延得到丰富和发展，体现了以法治为保障、以自治为根本、以共治为基础的鲜明特色，形成了以签订《委托协议》、推进"三社联动"、强化"协商能动"等为核心举措的政府治理和社会调节、居民自治良性互动的基层合作治理模式。苏州姑苏区发挥社会组织作用，从顶层设计、党建引领、专业提升等方面推动社会组织参与社区治理，形成以社会组织为载体的"三社联动"模式、以社会组织为主体的"多元共治"模式及以社会组织为纽带的"协同治理"模式等经验做法。在公益坊建设基础上打造"三社联动"综合体，充分发挥社会组织的专业支撑、连接群众作用，培育扶持能有效承接政府社会事务、体现社区品牌特色的专业性社区社会组织，探索社区治理的新模式。2012年，苏州吴中区开始"政社互动"试点工作，到2014年年底已在全区范围内全面展开，2018年，吴中高新区正式成立社会创新发展中心，构建社区、社会组织和社工三方融合发展的新机制，实现三方需求和资源的有效对接。2012年，苏州高新区开始在通安镇、狮山街道试点"政社互动"工作，2014年在全区推进，建立政府与基层群众自治组织信息互通机制和双向评估机制，确定转移职能和购买服务的试点部门、职能和项目，并启动政府向行业协会商会转移职能、购买服务试点工作，打造体系完善、机制健全的"政社互动"社会治理创新品牌，调动基层群众自治组织和社会组织管理的主动性、积极性、创造性。

第三节　苏州基层社会治理法治化坚持社会协同的经验启示

苏州推进基层社会治理法治化进程，积极发挥社会组织的社会协同作用，已经取得显著成效。苏州实践告诉我们，基层社会治理法治化坚持社会协同是一个有机的系统工程，要牢固树立基层社会治理法治化社会协同的价值理念，创新改进社会组织参与基层社会治理法治化的方式方法，提高社会组织参与基层社会治理法治化的积极性和主动性，加强社会组织适应现代治理要求的自身建设，注重基层社会治理法治化坚持社会协同的制度机制建设，特别要重视加强法律法规和规章制度建设。全面构建基层社会治理法治化社会协同的培育支持体系、引导管理体系、条件保障体系、激励推动体系，充分调动社会组织参与社会协同的自觉性和创造性。

一、要牢固树立基层社会治理法治化社会协同的价值理念

目前社会组织参与社会共治还面临着许多困境。受传统治理思想文化的影响，各级政府对社会组织参与社会治理的价值认识并不到位。苏州推动社会组织通过社会协同促进基层社会治理法治化取得良好成效，从根本上讲，是因为苏州在思想上足够重视社会组织的社会治理主体地位，苏州越来越认识到社会组织对于实现社会善治的内在价值，并在实践中不断落实这种思想意识。在经济社会快速发展、社会自主意识增强、人们公共参与热情高涨、政府加快职能转变的背景下，对社会组织协同参与基层社会治理的认识要更加

第四章　社会协同是推进基层社会治理法治化的基本路径

到位,明确社会组织的定位,充分认识社会组织协同参与对于推进基层社会治理现代化的重要意义。首先,要增强社会组织自治独立意识。要"正确处理政府和社会关系,加快实施政社分开,推进社会组织明确权责、依法自治、发挥作用"[1]。加强顶层设计,理顺社会关系,确立政府与社会组织之间的平等合作关系,提高社会组织的自主独立性,在依法规范、管理的基础上使社会组织的主张和声音能够独立地展现出来,能够得到社会的普遍重视。其次,要增强社会组织长期发展意识。明确社会力量、社会组织参与基层治理不是权宜之计,而是要不断深入推广的社会治理基础工程。随着社会主义市场经济体制和国家行政管理体制的进一步深入完善,这项工程也将逐步深入推进。最后,要增强社会组织优先发展意识。当前重点要集中优势资源,扶持与经济社会发展、社会和谐稳定联系最直接、最密切的社会组织,制定实施重点培育、优先发展的相关配套政策措施,促进重点领域社会组织的数量增长和质量提高,优化社会组织的结构和布局,打造社会迫切需要、发展前景优越的社会组织群体。

二、要创新改进社会组织参与基层社会治理法治化的方式方法

推进社会组织参与基层社会治理法治化,就要不断完善方式方法,促进社会组织的全面、有效参与。苏州不断采取行之有效的方式方法,引导社会组织逐渐全面参与治理,推动社会组织与社会建设、社会工作、志愿服务联动联建,促进资源共享、优势互补。要

---

[1] 中共中央文献研究室.十八大以来重要文献选编(上)[M].北京:中央文献出版社,2014:539.

进一步创新改进社会组织参与基层社会治理法治化的方式方法,为社会组织有效参与创造更为良好的条件。一是要发挥社会组织在基层民主协商中的作用。建立健全社会组织参与协商民主的法制化保障和制度性安排,可以探索在各级党代会、人代会和政协会议中建立社会组织界别,并且建立重大行业决策征询社会组织意见制度,社会组织参与各级人大、政府、政协及职能部门的决策、立法、行业、专题等各项协商,社会组织利用自身专业、学科、项目的优势,参与到各类社会治理事务协商之中,形成社会组织参与公共决策的机制。二是要形成政社合作伙伴关系。进一步向社会放权和加快实施政社分开,克服社会组织行政化倾向,逐步从建立政社补充关系、协作关系走向合作伙伴关系,形成真正依法协同治理的新型治理格局。三是要加强各类组织共同发力。克服社会组织各自为战、信息不对称、资源整合不足等不良状况,社会组织主动与地方政府、街道、社区等加强联系,社会组织之间应强化沟通合作,搭建信息平台,在资源共享利用方面达到协作,使各个社会组织的优势和能力得到释放。建立社会组织工作综合治理机制,各级政府设置社会组织工作委员会,共同决策社会组织管理中的重大问题,推动各部门协同培育社会组织参与社会治理。

三、要提高社会组织参与基层社会治理法治化的积极性和主动性

社会组织协同参与基层社会治理需要有内生动力,这样才能产生源源不断的积极性和主动性。苏州通过完善简政放权、政府购买、税收优惠等一系列政策扶持措施,在街道、镇级层面成立社区社会组织联合会,发挥管理服务协调作用,在城乡社区层面构建社区社会组织孵化机制,调动积极因素,引导社会组织发挥积极作用,提

第四章　社会协同是推进基层社会治理法治化的基本路径

高社会治理效率。目前社会组织协同参与基层社会治理的积极性、主动性总体上还显不足，因此要从各个方面加以激发鼓励。一是经济上进一步加强扶助支持。要健全财税和人才扶持政策，加强政策支持、资金投放，设立社会组织发展基金，对社会组织培育发展给予资金支持，对初创期的城乡社区社会组织给予必要的资金扶助。"地方政府和社会力量可通过实施公益创投等多种方式，为初创期慈善组织提供资金支持和能力建设服务。"[1]加大公共财政购买服务资金，制定并完善购买服务目录，明晰具体购买服务办法，列出阶段性的重点公益服务项目清单，优先向养老、矛盾化解、法律服务、托幼养育、扶贫救助、公共文化等领域倾斜，重点向服务对象为困难群体的社会工作机构倾斜，确立购买服务资金并纳入预算管理。二是工作上进一步扩大业务范围。做到"适合由社会组织提供的公共服务和解决的事项，交由社会组织承担"[2]。探索运用市场化手段，以政府采购、定向委托等不同方式向社会组织购买服务。政府通过加强行业指导，在对社会组织原有服务项目进行整合基础上进行及时调整，在服务领域因地制宜、增加门类，通过公共服务项目外包形式提高社会组织参与社会治理的覆盖面，将政府包揽的非强制性任务更多地通过项目化的形式交由社会组织来承担。三是功能上进一步拓宽社会职能，鼓励社会组织有能力、有机会广泛参与基层社会治理的实际工作。随着政府机构精简和职能转变力度不断加大，事业单位改革不断深化，社会组织会更多地承接政府转移出的部分职能，提供准公共产品。基于社会组织职能的拓展，相应地加

---

［1］　中共中央文献研究室.十八大以来重要文献选编（中）［M］.北京：中央文献出版社，2016：222.

［2］　中共中央文献研究室.十八大以来重要文献选编（上）［M］.北京：中央文献出版社，2014：539-540.

大政府购买社会服务的力度，按照新的社会治理理念研究制定带有制度性的政府购买社会服务项目目录。

四、要加强社会组织适应现代治理要求的自身建设

为适应现代治理要求，社会力量和社会组织要在共治事业中有所作为。它们必须要加强自身建设，拥有专业化人才，使自身有能力运行专业化项目、提供专业化服务，只有这样才能保证社会组织有良好的发展空间。苏州对于社会组织在增强专业技术能力、提高参与治理能力、培育相关专业人才等方面做了大量工作，不断加大投入，取得了初步成效。要持续加强社会组织能力建设，使各个社会组织都能成为有力的治理主体，发挥实际作用，共同推进基层社会治理法治化。一是多管齐下建设人才队伍。政府相关部门要把社会组织人才工作纳入人才工作体系和专业技术人才知识更新工程，推进社会组织管理层和从业人员的职业化和专业化。将社会组织管理队伍建设纳入人才工作规划，在现有社会工作人才类别中突出社会组织管理人才。建设社会组织从业人员队伍，依托大专院校，建立社会组织专业人才培养基地，与优秀社会组织共同合作，建立社会组织专业人才实习实践基地，加大社会组织专业人才队伍培养力度，培养更多能担负实际工作的法律服务人才、科技服务人才、慈善救助人才、社区事务调解人才。建立社会组织专业人才和志愿服务队伍联动机制，发挥志愿者的作用，从中培育公益事业人才，以弥补专业人才的不足。二是通过培训、实践提升实际能力。加强社会组织专业人才体系建设，实施社会组织人才培养工程，健全业务培训制度，建立社会组织负责人和管理人员培训制度，分层次培训专业骨干人才，创新培训方式，提高培训质量，对资源动员、协调互动、公共服务能力有针对性地开展各类培训，提升社会组织服务

基层、融入基层社区治理的专业能力和服务技能。鼓励社会组织之间、社会组织与企业之间，利用其他社会资源，互相开展观摩交流。开展社会组织专业人才队伍建设示范创建活动和社会组织专业服务标准化创建活动，发挥引领示范作用，在活动中提高实践能力。在法治创建活动中，自觉实行依法治理、依法完成各项任务，增强自我约束、自我管理的能力。探索建立街道办事处、乡镇政府、基层群众性自治组织引导、社区社会组织联合会组织协调、社会工作服务机构专业支持、社区社会组织广泛参与的培育体系，切实加强社会组织的自身建设。

五、要注重基层社会治理法治化坚持社会协同的制度机制建设

搞好基层社会治理法治化社会协同工作，就必须要做好社会组织参与社会治理的制度安排，构建科学、合理的制度机制框架，形成包括准入制度、程序制度、监管制度、奖惩制度等构成的制度体系，加强社会组织相关立法。苏州推进基层治理法治化，根据社会发展和社会组织发展的趋势和要求，制定科学合理、符合实际的规章制度，制定日常管理制度，规范社会组织行为，引导社会组织参与社会治理。苏州市人大对于立法项目，在制度上鼓励社会力量、社会组织参与，将地方立法与苏州的经济和社会发展融合在一起，突出地方特色，力求解决实际问题，加强必要性、合法性、可行性等方面的审查、论证，大力推动建立立法前评估工作机制。当前，要针对法规制度建设滞后、管理体制不健全等状况，完善社会组织管理制度，加强社会组织自我管理、自我服务、自我教育、自我监督的制度建设。建立完善现代社会组织制度体系，建立政府与社会组织新型合作关系，基本完成以行业协会商会为重点的政社分开，

> 依法加强和规范公共服务,完善教育,就业,收入分配,社会保障,医疗卫生,食品安全,扶贫,慈善,社会救助和妇女儿童、老年人、残疾人合法权益保护等方面的法律法规。加强社会组织立法,规范和引导各类社会组织健康发展。制定社区矫正法。
>
> ——《中共中央关于全面推进依法治国若干重大问题的决定》

进一步规范政府授权或委托社会组织事项,进一步完善社会组织内部治理,进一步增强社会组织的自主发展活力。建立完善综合监管制度,改进社会组织综合服务和监管平台,运用现代信息化手段,通过加强信息资源整合与共享,借助大数据分析手段,针对社会组织网上登记、协同监管、内部治理、信息公开、公众评价和综合评估等方面的内容,实现电子化、信息化、现代化的有效监管。建立完善奖励惩戒制度,对城乡社区社会组织完成社会治理任务高效、发挥作用突出的典型应当予以奖励,并把它纳入各级党委政府的重要表彰范畴。总结推广城乡社区社会组织参与社会治理的先进经验,培树先进城乡社区组织和优秀城乡社区工作者标杆。广泛开展品牌创建活动,培育一批机制健全、社会公信力强、有较大影响力的公益慈善类社会组织。基层社会治理法治化坚持社会协同,特别要重视"加强社会组织立法,规范和引导各类社会组织健康发展"[1]。建立健全法律法规制度,制定社会组织

---

[1] 中共中央文献研究室.十八大以来重要文献选编(中)[M].北京:中央文献出版社,2016:164.

第四章 社会协同是推进基层社会治理法治化的基本路径

行政法规,加快修订出台新的社会团体、基金会和社会服务机构登记管理条例,研究制定志愿服务、行业协会商会等方面的单项法律法规,保障社会组织作为法律主体的权利和义务,确定参与社会治理行动的平等参与权利,细化法律责任,同时也为打击非法社会组织提供必要的法制保障,为社会组织有序协同参与社会治理保驾护航。

中国特色社会主义新时代的社会组织发展处于新的历史环境,承担着新的历史使命。社会组织担当作为、坚持社会协同推进基层社会治理法治化是国家治理体系和治理能力现代化建设的重要组成部分。要始终坚持和完善中国特色社会主义制度,有效应对面临的挑战和矛盾,探索社会组织发展的有效路径,吸引各个社会组织和各方面社会力量共同参与治理过程,提高社会组织参与治理和参与经济社会发展的自觉性,不断提高服务工作的质量和成效,把制度优势转化为治理效能优势。坚持走中国特色社会组织发展之路,在党的坚强领导下,不断推进社会组织协同参与基层社会治理的法治化、规范化、科学化、专业化,顺应时代潮流,勇做改革开放和社会主义现代化建设的重要推动者,引导和带动民众广泛参与国家和社会事务管理、社会治理,逐步完善全社会共同参与的社会治理体系,切实保障人民当家作主的地位,维护和发展人民群众的根本利益,真正体现社会主义社会民主政治的本质和推进改革发展的根本目的。

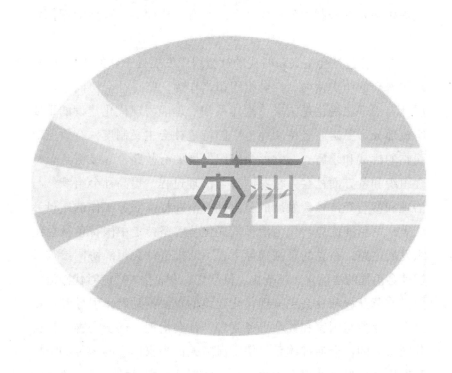

第五章

公众参与是推进基层社会治理法治化的基础环节

党的十九大报告指出,"提高保障和改善民生水平,加强和创新社会治理",并将"打造新时代共建共治共享的社会治理格局"作为一项重要任务。党的十九届四中全会《决定》提出"构建基层社会治理新格局",体现了党对社会治理规律认识的深化,为加强和创新基层社会治理提供了科学指引。公众参与是构建基层社会治理新格局的重要环节。"公众参与"是指公众在公共事务的决策、管理、执行和监督过程中拥有知情权、话语权、行动权等参与性权利,能够自由地表达自己的立场、意见和建议,能够合法地采取旨在维护个人切身利益和社会公共利益的行动。基层是社会治理的深厚基础和重要支撑,治国安邦重在基层。人民群众作为基层的主体,公众参与是基层社会治理法治化中重要的关键环节。基层社会治理中的公众参与既鲜明体现了我国社会治理以人民为中心的思想,又体现了加强和创新社会治理与保障和改善民生既互为前提又互相依存的辩证关系。

第一节　公众参与基层社会治理法治化的必要性和重要价值

一、公众参与是新时代基层社会治理法治化的必由之路

随着我国法治进程的不断推进,社会治理法治化作为实现国家治理能力和治理体系现代化、构建"法治中国"的重要环节,已经引起了社会各界的广泛关注。进入新时代,我国正处于社会转型的关键时期,基层社会治理各领域存在诸多问题,必须通过推进基层社会治理法治化,通过法治化手段不断拓宽公众参与基层社会治理的渠道,增强人民群众的参与感和获得感,只有这样才能不断满足人民日益增长的美好生活需要,推进我国基层社会治理法治化建设的进程。新时代基层社会治理法治化的推进必须自下而上,公众的有序参与成为决定治理高水平最关键、最基础的环节。

二、公众参与是社会主义基层社会治理法治化的重要保证

不同于依靠政府的权力发号施令、政府包揽一切社会事务的传统社会管理模式,社会主义基层社会治理不仅仅是简单的升级,还是以公共利益为目标,社会各方充分参与与合作的过程。社会主义基层社会治理法治化的过程是社会各方之间的合作过程,通过构建以党委领导、政府主导、社会参与为基础的社会治理方式,在多元行为主体之间形成密切的、平等的网络关系,原先由国家和政府承担的责任逐渐由各种社会组织、私人机构和公民团体来自愿承担。

第五章　公众参与是推进基层社会治理法治化的基础环节

社会主义基层社会治理具有社会治理主体多元化、社会治理方式科学化、社会治理目标人本化的特点。因此，政府不再是治理中的唯一主体，而是在基层社会治理过程中承担着协调和组织的作用，公众的参与在基层社会治理法治化的过程中扮演着越来越重要的角色，起到了保障基层社会治理法治化进程和效率的作用。

三、公众参与是实现人民当家作主的重要方式

改革开放以来，我国的民主政治建设取得了重大进展，人民民主的政治体制不断得以巩固和完善，为实现最广泛的人民民主确立了正确方向。公众参与社会管理是人民民主国家政治体制建设的需要，是人民获得国家主人社会地位及尊严的重要标志。社会治理的主体是多元的，政府与群众之间不仅仅是管理与被管理的关系，公众参与是重大行政决策的规定程序，过程公开是重大行政决策的必然要求，政府决策的价值取向在于公共利益，决策的公共性决定了民主参与的必要性，这是公众参与的理论基础。我们党要不断加强政府工作人员队伍的政治建设、思想建设、组织建设、作风建设等，牢固树立民本理念，领导、支持广大人民当家作主，把以人为本、执政为民作为执政活动的最高标准。只有将人民利益放在第一位，始终与人民心连心、同呼吸、共命运，才能始终依靠人民推动历史前进。只有人民具有了参与感，才能有获得感。

四、公众参与是实现人民群众有序参与政治的重要环节

在党的十九大报告中，习近平总书记对社会治理问题有明确要求：要打造共建共治共享的社会治理格局。这为我们在新的历史条件下加强和创新社会治理指明了方向、明确了路径。公众参与是人民民主的体现，是发展民主政治的必然要求，也是社会治理体系的

重要一环,制度化公众参与是打造共建共治共享社会治理格局的实践基础。基层社会治理法治化的主要目的是为了促进社会公平,实现人的全面发展。在基层社会治理的过程中,需要更加突出以人为本,把群众满意作为创新社会治理体制的出发点,依靠群众开展社会治理各方面工作,强调发挥多元化主体的作用,鼓励参与者自主表达、协商对话,并达成共识,从而形成符合整体利益的公共政策。在中国特色社会主义法律体系已经形成的新形势下,如何使制定的法律法规适应社会管理日益精细化的趋势,需要人民群众广泛参与其中,需要细致分析各方面的意见。因此,公众参与既是贯彻落实党和国家推进民主政治建设的重要举措,也是实现公民有序参与政治的重要环节。

五、公众参与是实现国家治理体系与治理能力现代化的重要实践

党的十九届四中全会《决定》指出,坚持和完善中国特色社会主义制度、推进国家治理体系和治理能力现代化,是全党的一项重大战略任务。社会治理的不断优化,首先体现在坚持系

> **链接**
>
> 习近平同志说:"我们党的执政水平和执政成效都不是由自己说了算,必须而且只能由人民来评判。人民是我们党的工作的最高裁决者和最终评判者。"一般来说,评价主体是以自己的内在尺度(需要、利益等)作为评价标准的。因而,人民主体通常是以自己的利益为标准来评价的。正因如此,习近平同志多次强调,要把人民满意不满意、高兴不高兴、答应不答应、赞成不赞成作为衡量党和国家一切工作的根本标准,以造福人民为最大政绩。
>
> ——《始终坚持以人民为中心的价值追求》,《人民日报》,2017年10月23日,略有改动

治理、依法治理、源头治理、综合施策与营造良好的社会秩序上，而法治化的核心是以群众的需求为主旨，必须以人民群众"答应不答应""高兴不高兴""满意不满意"作为评价社会治理效果的最高标准。基层社会治理法治化能够促进群众的治理理念发生转变，促进传统社会治理经验与法治建设交融，使社会治理逐渐由"粗放式管理"向"精细化管理"转变，增强群众的法律意识和法治观念，提升基层治理法治化水平。落实以人民为中心的理念，以民意为导向，以满足人民日益增长的美好生活需要为目标，通过法治化手段不断拓宽群众参与社会治理的渠道，激发群众参与社会治理的热情，增强群众的获得感和满意度。同时，不断完善和发展我国国家制度和治理体系，进一步推进国家治理体系和治理能力现代化。

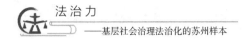

第二节　苏州增强公众参与基层社会治理法治化的实践做法

当前,我国正处于社会转型的关键时期,社会治理各领域存在诸多问题。其中,如何适应基层社会治理的新变化新要求,创新体制机制,充分体现"以人为本、服务为先"的理念,成为摆在基层政府面前的一项现实任务。必须通过推进基层社会治理法治化,通过法治化手段不断拓宽群众参与社会治理的渠道,增强群众的获得感和满意度,只有这样才能不断满足人民日益增长的美好生活需要,推进我国基层法治建设进程。目前,苏州地方政府在实际工作中,重点突出三个方面的建设:一是坚持公众参与的制度先行;二是保障公众有序参与的切实权力;三是创新公众参与的方式方法。苏州市从各个方面努力推动公众参与基层社会治理法治化的进程。

一、坚持公众参与的制度先行

(一)建设政府配套性政策体系

在社会治理格局中,公众参与的主要内容是动员和组织人民群众依法理性有序参与社会治理和公共服务,保障人民在社会治理中的知情权、参与权、表达权、监督权。基层社会治理法治化是增强基层党组织的执政能力、实现国家治理体系和治理能力现代化的基础工程,是走向法治国家、法治政府和法治社会的逻辑起点,也是坚持走中国特色社会主义法治道路的牢固基础和可靠保障。政府配套性政策体系建设对于基层社会治理法治化至关重要。近年来,苏

第五章 公众参与是推进基层社会治理法治化的基础环节

州市法治政府建设一直位居全国前列。以2015年以来的苏州市政府出台的政府规章、行政规范性文件为具体研究对象，截至2019年3月，苏州现行有效的政府规章有78件，行政规范性文件有270件，涵盖了经济、政治、文化、社会、生态建设的方方面面。随着中央相继提出全面深化改革、全面推进依法治国、五大发展理念等重大战略部署，"社会治理"替代"社会管理"，正式上升为治国理政的基本方略，苏州市政府充分认识到，以行政力量为绝对主导的传统"一揽子"管理方式早已不适用于社会关系复杂多样、社会利益交织冲突的新形势，社会治理样态必须由政府单一化向多元社会治理主体升级，通过制度和政策安排，一方面通过政府社会双向互动，另一方面通过民众参与来丰富社会管理形式，形成政府与社会相互补充的社会治理网络。

（二）完善群众政治表达和监督机制

党的十九大报告指出："发展社会主义民主政治就是要体现人民意志、保障人民权益、激发人民创造活力，用制度体系保障人民当家作主。"基层社会治理法治化的重点是约束和规范公权力，防止权力太"任性"，切实保障公众利益的表达权，协调与保护公众参与基层社会治理法治化。目前，基层部分党员干部法治水平不高，仍习惯于用行政命令办事，一些地方损害群众合法权益的现象时有发生。2019年5月，江苏省十三届人大常委会第九次会议审议通过了《江苏省市辖区、不设区的市人民代表大会常务委员会街道工作委员会工作条例》，确定了人大街道工作委员会的主体地位，对江苏省街道人大工作实践中的经验做法做了总结凝练，进一步明确了江苏省街道人大工作的组织架构和具体职责。为加强民主政治建设，实现人民当家作主全覆盖，苏州积极响应。苏州市人大常委会党组

向苏州市委提交了《关于建立议政代表会制度的意见（试行）》，并经市委同意，在全市推行街道议政代表会制度。

苏州街道议政代表会制度在坚持党的全面领导、坚持以人民为中心、坚持依法定位的基础上，在街道党工委的领导下，由街道人大工委召集，鼓励引导辖区内议政代表参政议政，发挥为民代言作用，构建民意表达新渠道；发挥民主监督作用，构建民生问题解决新方式；发挥模范带头作用，构建维护社会稳定新力量。制度坚持党的全面领导符合宪法规定；坚持以人民为中心体现一切权力属于人民，保障人民群众批评、建议、监督的宪法权利。议政代表会制度的作用发挥是衡量基层民主治理创新是否合理有效的尺度。街道一级由于没有对应的人大及其人大代表，出现了民意反映渠道不通畅、对街道办事处的工作监督不到位等问题，街道议政代表会制度产生了相应的议政代表，由议政代表接待人民群众，反映人民群众意见，为人民群众解决实际问题。这不仅改善了街道人大工委人手不足、专业化不够等问题，也加强了对街道办事处的工作监督。

苏州真正做到了科学决策、规范行政行为、司法公正和推进政务公开，严格按照法律规定和法定权限想问题、办事情，重要事项集体决策，广泛听取基层群众的意见建议，真正让群众参与、让群众监督、让群众检验，切实增强决策科学性、可行性、有效性；严格按照"法定职责必须为、法无授权不可为"的原则，规范行政执法行为，细化完善行政执法裁量权基准制度，建立健全执法全过程记录制度，探索开展行政复议体制改革试点，真正运用法治方式推动复杂的基层工作；进一步完善基层司法管理体制和司法权力运行机制，规范司法行为，加强对司法活动的监督，

第五章 公众参与是推进基层社会治理法治化的基础环节

努力让人民群众在每一个司法案件中感受到公平正义；深入推进"一事一议"和"阳光政务"，切实把群众反映强烈的突出问题，明明白白、清清楚楚地公开公示，让老百姓看得懂、信得过。

（三）拓展公众参与平台和载体

党的十九大报告指出，要加强社区治理体系建设，推动社会治理重心向基层下移，发挥社会组织作用，实现政府治理和社会调节、居民自治良性互动。社区是城市的细胞，是美好生活的载体和依托，是人们获得感、幸福感、安全感的重要源泉。随着我国社会经济发展及城市化进程不断加快，城市社区呈现出一系列新的职能与特征，社区作为最为活跃的城市基层社会单元，已经成为实现公共产品供需匹配、居民利益协调的有效平台，成为提升城市治理现代化水平和能力的重要规划与管理单元。社区治理作为城市发展的核心内容之一也进入了新阶段，从传统的粗放管理趋向纵深。只有把人民群众的小事当作政府的大事，通过更为精细化的社区治理，才能进一步提升基层社会治理法治化的水平。

邻里中心作为苏州工业园区社区精细化治理的重要组成部分之一，不仅贯彻了"以人民期盼为念，以人民满意为标杆"的理念，更是在管理和运营过程中突出了"以人民群众为中心"的宗旨。为了满足社区居民需要，苏州工业园区已经实现了民众联络所在邻里中心的全覆盖，标准化配备社区工作站、民众俱乐部、乐龄生活馆、少儿阳光吧、卫生服务站、邻里图书馆、邻里文体站七大功能，另外新增了党群公共服务、社会组织培育、综合治理联动等多项功能，旨在为居民提供更为便捷化、人性化和精细化的服务。

同时，在政府购买社会服务项目的过程中引入"项目带动"

和"体验激发"等新流程,增强公众参与体验,激发公众参与热情。在项目确定的初始阶段就引入公众参与,构建公众需求与建议发现机制,了解、评估和吸收公众对项目的合理化建议,使项目设计与公众需求相匹配;在项目招标阶段完善竞争机制,利用公益创投方式,选择"接地气"的项目;在项目落实阶段,进一步创新公众参与的方式与渠道,比如在社区公园建设项目中吸纳社区公众参与方案设计和公园建设等具体环节,大大提高公众参与的积极性,也能显著增强城乡社区的服务功能。不断满足人民日益增长的美好生活需要,使人民获得感、幸福感、安全感更加充实、更有保障、更可持续。

(四)创新基层党组织管理制度

基层党组织既是基层社会治理法治化的领导者和组织者,也是实践者和示范者。苏州张家港市作为唯一荣获全国文明城市"五连冠"的县级市,其现代化的管理实践和探索一直领先全国,张家港以加强基层党组织建设助推基层治理法治化的实践证明:党组织的法治化水平影响着基层社会治理法治化的成效,只有大力加强基层党组织建设,才能推动基层社会治理法治化进程。张家港市铸造了一批具有法治思维的党员干部队伍,平时强化法律知识的培训与考评,严格落实中心组专题集体学法制度,将法治教育纳入全市干部教育培训班计划,全面推广"党章学习日""固定学法日",实施党员干部"每月1天学法日""会前1刻学法时"制度,形成了党员干部周周学法、月月说法、年年普法的长效机制,营造了浓厚的学法普法氛围。张家港市政府在全市选取了一些公园、广场、社区将其建设成一批法治文化阵地,如南丰镇新丰社

第五章 公众参与是推进基层社会治理法治化的基础环节

区打造了"法治文化园",包括"法治文化广场""普法园""社德园""法治文化长廊"等;通过成立张家港市普法讲师团,招募普法志愿者,成立了"草根法律队伍""法治先锋岗"等,组织开展了"法律早市""法治书场""法治文化节""12·4普法宣传日""法治文艺巡演"等一系列普法活动;2017年,创新开设了"书记讲坛""书记会客厅""先锋擂台"等法治专栏节目,在全市营造出全方位、立体式的学法普法氛围。

二、切实保障公众有序参与的权力

(一)立法保障

法律是治国之重器。党的十九届四中全会《决定》明确提出坚持和完善人民代表大会制度这一根本政治制度的要求。习近平总书记明确指出,"人民代表大会制度是中国特色社会主义制度的重要组成部分,也是支撑中国国家治理体系和治理能力的根本政治制度"。国家的一切权力属于人民,人民通过全国人民代表大会和地方各级人民代表大会行使国家权力。全国人民代表大会是最高国家权力机关,地方各级人民代表大会是地方国家权力机关。苏州充分发挥我国"一元两级多层次"立法体制的优势,从社会治理所调整的社会关系发展规律出发,在中央统筹下,按照各地方经济社会发展实际,有规划、有重点、有步骤、点面结合地推进社会领域立法。

苏州各机关就地方人民代表大会及其常委会对自身建设的完善、对职能工作的履行和对前沿问题的创新等方面进行探讨,推动苏州人大及其常委会更加有序稳定发展,促进工作更加快速有效开展,保障人民当家作主的根本权益。坚持人民代表大会制度,进一步拓宽公众参与立法的途径,通过立法论证、听证、评估等方式,依法保障公众参与社会治理权的实现。突出政府责任、公共服务和制度保障,健全完善社会保障、教育文化、医疗卫生、生态环境、安全稳定等社会领域的立法,建立健全社会组织法律制度,依法保障社会组织、公众等主体生存权、发展权及社会治理参与权的实现。

(二)政策落实

询问和质询是宪法和法律赋予各级人大及其常委会的一项重要监督权力,也是政策落实并惠及人民群众的保障。党的十九大报告指出,要"发挥人大及其常委会在立法工作中的主导作用,健全人大组织制度和工作制度,支持和保证人大依法行使立法权、监督权、决定权、任免权,更好发挥人大代表作用,使各级人大及其常委会成为全面担负起宪法法律赋予的各项职责的工作机关,成为同人民群众保持密切联系的代表机关"。健全"一府一委两院"由人大产生、对人大负责、受人大监督制度,通过询问、质询、特定问题调查、讨论决定重大事项、备案审查等方式积极回应社会关切。

近年来,苏州市人大常委会也积极实践,将专题询问工作进一步推向制度化、规范化。2015年2月26日,苏州市十五届人大常委会举行第十九次会议,会议审议通过了《苏州市人大常委会专题询问实施办法》。随着《苏州市人大常委会专题询问实施办法》的正式实施,苏州市人大常委会专题询问工作从一开始就纳入了规范化、机制化的轨道。2015年7月,根据市人大常委会审议意见,市财政局通过政府网站和新闻媒体,将2014年

第五章　公众参与是推进基层社会治理法治化的基础环节

市区生态补偿资金安排情况向全社会公示，接受人民群众监督。2018年4月27日，苏州市十六届人大常委会第十一次会议召开。会议的一个重要议题是就社会普遍关注的大气污染防治工作开展专题询问。2019年8月27日，在苏州市会议中心，一场特殊的"考试"正式开始。"考试"的题目是学前教育工作，出题者为苏州市人大常委会组成人员和市人大代表，答题者则是苏州市政府及市发改委、市教育局、市财政局、市人社局、市自然资源和规划局、市住房和城乡建设局、市卫建委、市行政审批局、市市场监管局、市税务局等有关部门负责人。这场"考试"，其实是苏州市十六届人大常委会第二十一次会议学前教育工作专题询问会。

改革开放以来，我国不断推进依法治国、社会主义法制建设，在这个过程中，监督成为推动法制建设的重要手段。苏州各项法律法规体系也不断建立和完善，使各项工作有法可依，为各级部门依法行政提供了重要依据和法律手段。以法律为武器支持人大及其常委会、人大代表、各级部门及人民群众的监督，用法治力量加强规范性文件审查、公安执法、生态改善及各个领域的行政执法等，促进苏州社会各方面高质量发展，切实保障政策落到实地，保障公众参与基层社会治理的权力，提升基层社会治理法治化水平。

（三）体制建设

我们党不断深化对社会治理的探索。从1993年党的十四届三中全会提出加强政府的社会管理职能，到2004年党的十六届四中全会提出加强社会建设和管理、推进社会管理体制创新，再到党的十八

链接

2014年3月5日下午，习近平来到他所在的十二届全国人大二次会议上海代表团参加审议。习近平强调，治理和管理一字之差，体现的是系统治理、依法治理、源头治理、综合施策。社会治理是一门科学，要着力提高干部素质，把培养一批专家型的城市管理干部作为重要任务，用科学态度、先进理念、专业知识去建设和管理城市。

——《习近平参加上海代表团审议》，中央政府门户网站，2014年3月6日，略有改动

届三中全会基于推进国家治理体系和治理能力现代化，首次提出创新社会治理体制，我们在认识上经历了从社会管理到社会治理的重要转变。习近平同志指出："治理和管理一字之差，体现的是系统治理、依法治理、源头治理、综合施策。"党的十九届四中全会《决定》提出坚持和完善共建共治共享的社会治理制度，强调完善党委领导、政府负责、民主协商、社会协同、公众参与、法治保障、科技支撑的社会治理体系，建设人人有责、人人尽责、人人享有的社会治理共同体。这体现了我们党社会治理理念的升华和对社会治理规律认识的深化。法治化是社会治理的制度化保障。社会治理法治化通过不断扩展社会治理的法治元素，使得社会治理的政治和行政化的组织调控趋向制度化和规范化。坚持运用法治方式解决社会治理面临的问题，通过法治方式促进矛盾纠纷化解程序正当化，推动基层社会治理纳入法治化轨道。这不仅有利于防止社会矛盾由于执法不正当而进一步激化，而且有利于促进基层法治建设。

苏州地方着力推进依法行政、着力

第五章 公众参与是推进基层社会治理法治化的基础环节

完善调处机制、着力做强法律服务。依法加强基层组织建设，选择法治素养高、依法办事能力强的基层干部当带头人，依法行使职权、管理村务、服务村民，建设知法懂法守法用法的基层组织，依法保障好、维护好农民群众自主管理农村事务的民主权利。大力加强基层法庭、派出所、司法所、法律服务所、人民调解组织建设，健全完善村（社区）法律顾问制度，推动律师进村（社区）活动。推动各项涉农工作纳入法治化轨道，降低农民用法成本。充分发挥村规民约在乡村治理中的重要作用，完善村民会议、议事协商、民主听证等决策体制和工作机制，依法形成民事民议、民事民办、民事民管的多层次基层协商格局，畅通群众诉求表达和互助渠道，依法保障群众对社会治理的知情权、参与权、决策权、管理权和监督权，激发群众依法参与社会治理的积极性、主动性、创造性。

三、创新公众参与的方式方法

（一）通过社会服务项目式参与增强公众参与体验

苏州地方不断通过探索构建党委领导、政府负责、群团助推、社会协同、公众参与的社会共治同心圆，增强推进社会治理现代化的向心力。通过打造公众参与社会治理创新的平台和提升公众参与社会治理创新的能力来不断完善人民群众参与社会治理的组织形式和制度化渠道，增强公众参与体验。苏州转变政府职能，变"权力者"为"服务者"。明确公众参与社会治理拥有哪些权利与义务，创造公众参与社会治理的机会，通过社会服务项目式参与，公众能普遍参与进来，积极鼓励公众参与决策、评估、监督。同时建立畅通的沟通与诉求通道，让公众能够充分地表达意愿或建议，搭建揭露社会治理中问题的公共渠道。切实保障公民行使选举权与被选举权，强化公民参与社会治理创新的公共责任意识。苏州还通过教育培训、媒体传播等渠道，切实加深公众对政策法规的理解，以实现公众依法参与社会治理各项事务；发挥精英带动的示范作用，实行专家或公务员指导，使公众知道参与社会治理该做什么及怎样做；建立公益岗位或监督岗位，让公众在实际岗位上通过体验和锻炼，获得参与的成就感和自豪感，以此增强公众参与社会治理创新的公共责任意识。

（二）满足公众政治参与需求，激发公众参与热情

苏州地方在党组织、政府机构层面，强化公仆意识，提升为民服务水平和执政能力；在人大、政协、社团组织层面，明确其职责，及时加强联系与沟通，下达各种类型社情民意的调研任务，并将其纳入工作检查、年终考核内容，使他们成为广纳群言、广集民智、政治协商、民主监督、建言献策、参政议政的主体；在社会舆论层面，充分发挥各类媒体宣传、教育功能，又借其深入基层、接触广泛、信息丰富、传达便捷的优势，使之成为通达民意、引导舆论、方便公众参与社会管理的重要桥梁。此外公众不但可以通过"领导接待日"活动，还可以通过手机短信、电脑网络等现代信息工具打造形式更加多样、内容更加丰富、沟通更加畅通的公众参与社会管理平台。通过这些措施，苏州地方及时发现公众需求和热点关注，进一步激发公众参与的热情，确保公众参与社会管理法治化体制高效运转、不断完善。

（三）鼓励支持社会组织参与，形成多维度合力

有效的公众参与不是公众个体行动的简单汇总。作为社会治理的一个重要维度，公众参与具有系统性。苏州在推动公众有效参与社会治理方面，整合社区、社会组织、群团组织、企业等多方面力量，发挥其各自的优势和功能，实现多主体联动，充分发

第五章　公众参与是推进基层社会治理法治化的基础环节

挥群众参与社会治理的作用。发现并树立社区典型，对社区居民参与公共活动和社区治理起到示范和引领作用。通过社区讲堂、公益宣传、社区历史与文化展示等多种方式，培养和提升社区居民的公共意识和社会责任感，提升他们的参与能力，形成了基层社会治理法治化多维度合力。

第三节　苏州推动公众参与基层社会治理法治化的经验启示

一、公众参与必须坚持党的领导

中国共产党领导是中国特色社会主义最本质的特征，是中国特色社会主义制度的最大优势，党是最高政治领导力量。加强和创新基层社会治理，需要多个主体共同参与，但党的领导是根本保证。构建基层社会治理新格局，需要把党的领导贯彻到基层社会治理全过程，提高党的政治领导力、思想引领力、群众组织力、社会号召力，寻求社会意愿和诉求的最大公约数，不断满足人民日益增长的美好生活需要。党对基层社会治理工作的领导，一个重要体现是党对基层社会治理的顶层设计。"构建基层社会治理新格局"，这是我们党在新时代对基层社会治理的顶层设计。无论是完善群众参与基层社会治理的制度化渠道，还是健全党组织领导的自治、法治、德治相结合的城乡基层治理体系，都只能在党的领导下扎实推进。我们要充分发挥党总揽全局、协调各方的作用，推动社会治理融入经济社会发展全过程，统筹各方力量协调行动，促使社会治理各项工作在政策取向上相互配合、在推进过程中相互促进、在实际成效上相得益彰。坚持在党的领导下健全与基层群众自治相关的制度，保证基层社会治理沿着党指引的正确方向前进；坚持在党的领导下总结推广典型经验、完善相关政策，保证基层社会治理按照党和人民的意愿进行。通过有效的顶层设计和制度安排，真正把党的理论优势、政治优势、制度优势、密切联系群众优势转化为社会治理的强大

第五章 公众参与是推进基层社会治理法治化的基础环节

效能。

党对基层社会治理工作的领导,还体现为党的基层组织在基层社会治理中发挥引领带动作用。为此,要推动基层党建与基层社会治理深度融合,积极探索基层党组织政治引领、组织引领、机制引领的途径和载体,紧紧围绕基层党组织构建公共服务圈、群众自治圈、社会共治圈。坚持在基层党组织直接领导下和基层党员干部的示范带动下开展基层群众自治实践,保证基层群众自治有活力、有秩序。在基层选举中,基层党组织要做好宣传发动工作,积极参加选举基层群众自治组织的各项准备工作,把握选举的正确方向。在基层重大事务民主决策中,基层党组织要与基层群众自治组织、集体经济组织等一道积极组织群众参与民主决策。在基层事务日常治理和民主监督中,基层党组织要组织党员和群众监督民主决策事项的实施情况,充分调动居民参与积极性,形成社区治理合力。新形势下,要不断创新基层党建工作方式,积极探索运用互联网、大数据、人工智能等现代科技手段,提高基层党组织领导协调基层政权组织、自治组织、群团组织、经济组织和社会组织的能力,丰富基层党组织组织群众、宣传群众、凝聚群众、服务群众的手段。

二、公众参与必须体现人大价值

坚持和完善基层社会治理法治化,是尊重人民主体地位、坚持以人民为中心的重要体现。就基层社会治理法治化来说,它不只是党委和政府的责任,也是社会各方的共同责任。坚持和完善共建共治共享的社会治理制度,意味着社会治理是党委领导、政府负责下的社会主体共同治理,治理方式从过去自上而下的单向管理转向多方良性互动,更多主体在党的领导下,以更加多样的方式加强和创新基层社会治理,从而建设人人有责、人人尽责、人人享有的社会治理共同体。这有利于使社会治理成为亿万人民参与的生动实践，真正让人民群众成为社会治理的最广参与者、最大受益者、最终评判者，有效推进社会治理体系和治理能力现代化，保持社会稳定、维护国家安全。

当前，健全法治化的基层群众治理制度，构建基层社会治理新格局，需要进一步拓展和完善群众参与基层社会治理的制度化渠道，需要地方人大的正确引导，在基层治理中体现出人大价值。地方人大首先应该加强公民法律意识教育，提升公众参与社会治理的积极性和有效性。不断拓宽群众参与社会治理的范围和途径，不断丰富内容和形式。深入开展以居民会议、议事协商、民主听证等为主要形式的民主决策实践，以自我管理、自我服务、自我教育、自我监督等为主要目的的民主治理实践，以村务公开、居务公开、民主评议等为主要内容的民主监督实践，让群众成为基层社会治理的参与者、受益者，全面推进基层群众自治制度化、规范化、程序化。其次要更加注重利益问题，在提高保障和改善民生水平中抓住人民最关心最直接最现实的利益问题，使公众在参与社会治理中有更多的获得感、幸福感、安全感，从而增强社会治理对公众参与的吸引力。引导人民群众依法行使民主权利，做到群众利益延伸到哪里，基层群众自治制度就覆盖到哪里。最后要更加注重制度建设，拓展和深化公众参与的制度化平台，提升公众参与的制度化、规范化、法治化水平。2015年修订的《中华人民共和国立法法》及2018年通过的《中华人民共和国宪法修正案》，已经赋予设区的市人大和政府在社会各个领域的地方立法权，这使得市域拥有从立法、执法、司法到法律监督比较完整的法治体系，这些构成了市域实现法律治理的制度基础。要完善法律法规制度体系，健全社区管理和服务机制，

第五章　公众参与是推进基层社会治理法治化的基础环节

推行网格化管理和服务，发挥群团组织、社会组织作用，发挥行业协会商会自律功能，实现政府治理和社会调节、居民自治良性互动，夯实基层社会治理基础。

三、公众参与必须深入基层群众

公众参与必须坚持以人为本。《宪法》第2条规定："中华人民共和国的一切权力属于人民。人民依照法律规定，通过各种途径和形式，管理国家事务，管理经济和文化事业，管理社会事务。"相信群众、依靠群众、为了群众是核心，倡导"以人为本"的理念，认真听取群众意见，维护群众的根本利益，从根本上、源头上杜绝和化解矛盾，将不安定因素消除在萌芽状态。立足"依靠群众，群防群治"的人本精神，借助群众力量进行疏导化解矛盾纠纷，构建群防群治的组织网络，发动群众进行基层治理，正是基层社会治理不断创新发展的基本点。

党的十九届四中全会《决定》强调，"健全基层党组织领导的基层群众自治机制，在城乡社区治理、基层公共事务和公益事业中广泛实行群众自我管理、自我服务、自我教育、自我监督"。党的群众路线体现了人民性，通过广泛发动

> **链接**
>
> 20世纪60年代初，浙江绍兴市诸暨县枫桥镇干部群众创造了"发动和依靠群众，坚持矛盾不上交，就地解决"的"枫桥经验"。从此，"枫桥经验"成为全国政法综治战线的一面旗帜。之后，"枫桥经验"得到不断坚持和发展，并被根据形势变化不断赋予新的内涵，形成了具有鲜明时代特色的"靠富裕群众减少矛盾，靠组织群众预防矛盾，靠服务群众化解矛盾"的新"枫桥经验"，从过去单纯的化解矛盾纠纷、维护治安稳定，到今天的"矛盾不上交、平安不出事、服务不缺位"，成为新时代坚持好、贯彻好党的群众路线的重要经验。
>
> ——《新时代社会治理需要坚持和发展好"枫桥经验"》，《人民日报》，2019年11月29日，略有改动

群众参与社会治理、预防化解矛盾纠纷,做到"靠富裕群众减少矛盾,靠组织群众预防矛盾,靠服务群众化解矛盾",使广大人民群众真正成为社会治理的建设者、创造者和受益者。深入群众就是牢固树立人民立场、坚持人民主体地位,切实把实现好、维护好、发展好最广大人民根本利益作为社会治理的出发点和落脚点,形成有效的社会治理、良好的社会秩序,使人民的获得感、幸福感、安全感更加充实、更有保障、更可持续。

因此,推进基层社会治理法治化,必须充分发挥基层群众自治的积极作用。基层群众自治制度是我国一项基本政治制度,它以农村村民委员会、城市居民委员会和职工代表大会为主要形式。人民群众通过这些群众自治组织,依法直接行使民主选举、民主协商、民主决策、民主管理和民主监督权利,广泛参与基层公共事务和公益事业管理。实践表明,我国的基层群众自治参与人数众多、自治领域广泛、民主实践生动,展现出旺盛的生机活力,是加强和创新基层社会治理的有效形式。

四、公众参与必须做到因地制宜

西方发达国家的城市政府均拥有比较独立的立法权、执法权、司法权,这源自中世纪欧洲的城市自治传统,有着悠久的实践经验与丰富的理论成果。自中华人民共和国成立以来,我国基层社会治理的权力及其法律规则有着较复杂的变迁过程。自改革开放以来,市级政府的自主性日益得到加强,法治也愈来愈成为市级政府实现社会治理目标的重要手段。目前我国各地基层社会治理法治化的普遍做法包括:紧抓市域社会治理的主要矛盾推进市域的法治建设;倡导法治与其他社会治理资源相互配合,多措并举,法治、德治、自治相结合;充分利用党委政府、社会与市场等多元力量相互配合、

第五章 公众参与是推进基层社会治理法治化的基础环节

相互协调;充分利用现代科技手段,加强大数据背景下市域法治的科学化与智能化建设等。

当前,基层社会治理法治化绝没有某一固定模式存在。我们应该在适用普遍经验的基础上,探寻本地特色。通过基层社会治理法治化的地方探索,总结出一套适合地方特点的实践经验,以及在一定程度、一定范围内复制推广的社会治理法治化的经验,为切实提升人民群众获得感、幸福感、安全感而提供坚实有力的法治保障。

首先,要建设科学完备的法律规范体系。地方要善于运用地方立法权,制定权责明晰、便于操作的地方性法律规章。在与上位法不抵触、不冲突的前提下,确立地方立法的合理范围,积极发挥地方自主性,体现立法的地方特色,这是市级立法的重要任务。充分利用市级立法资源,构建起以满足人民美好生活需要为目标导向的法治秩序,关注生态环境保护、城市建设管理、文化保护等民生法律制度的创制,用立法引领与推动地方社会发展,为化解社会矛盾提供法律依据,为市域发展创造良好的法治环境。

其次,要建设公正权威的法律实施体系和严密的法律监督体系。法律实施体系是推进基层社会治理法治法的基础要素,主要由依法决策、严格执法、公正司法等制度机制构成。针对关系民生利益的重大项目,要健全落实依法决策机制,做好公众参与、风险评估、合法性审查等工作,防止因决策不当引发社会矛盾。要深入推进执法司法规范化,推动程序公开化、裁量标准化、行为规范化,让人民群众在每一个案件中感受到公平正义。法治监督体系是约束政府权力和保障人民权利的重要制度设计。要结合互联网与现代信息技术,构建一体化的市域服务管理大数据平台,提高法治监督的科学化、智能化、精准化水平。要打破市县乡村的层级界限,构建上下贯通的法治监督体系。对群众关注度最高的滥用职权、徇私舞弊、贪赃枉法等热点问题加强监督，建立健全立体化、全天候的市域法治监督网络，以保障法律的正确实施、立法目的的有效实现。

最后，要建立社会治理法治化的保障和评价体系。法治保障体系是推进社会治理法治化的支持系统，主要包括公共法律服务体系、法治人才培养体系、法治宣传教育体系。要运用大数据技术整合诉讼服务中心、检察服务大厅、法律援助中心、律师事务所、公证处、司法所、人民调解委员会等法律服务资源；健全完善法治人才的招录机制，加强地方法治部门和法学院校人员双向交流，创新职业培训，着力打造高素质的市域法治工作队伍。要落实谁执法谁普法的普法责任制，同时深化全民普法教育，推进法治文化建设，不断提高民众法治意识，让遇事找法、办事循法、解决问题靠法成为城乡民众的习惯。同时设置合理的基层社会治理法治化的指标评价体系，并定期运用该体系对市域法治的运行状况进行考评，对地方基层社会治理法治化的状况进行动态观察，为发现问题、持续改进提供有用的基础信息。

五、公众参与制度必须坚持与时俱进

当前，我国基层治理法治化进程成果显著，但仍然具有很大进步空间。要充分发挥各级党委在社会治理中总揽全局、协调各方的领导作用，强化各级政府抓好社会治理的责任制，发挥好各级政府公共服务、公共管理、公共安全等职责。同时，要引导和推动社会力量参与社会治理，努力形成社会治理人人参与、人人尽责的良好局面。进一步创新社会治理思路，鼓励和引导企事业单位、社会组织、人民群众积极参与社会治理。还要强化法治，充分发挥法治对社会治理的引领、规范和保障作用。总之，要通过不断加强制度建设，

第五章　公众参与是推进基层社会治理法治化的基础环节

提高社会治理社会化、法治化、智能化、专业化水平。

公众参与基层社会治理法治化既是各级党委政府密切联系群众的纽带，也是公众参与社会管理的重要途径。党委政府通过公众参与可以及时了解民情、畅达民意、集中民智、激励民心，建构有效的沟通机制。机制健全，则渠道畅通，继而民意畅达，这是创新基层社会管理法治化的基本前提和重要基础。为此有必要建立以各级党委、政府机构为主导，以人大、政协、社团组织为辅助，以各种形式媒体为补充的公众参与社会管理的网络体系。首先要充分发挥法治保障作用。法治是社会治理现代化的重要标志。基层治理法治化必须加强社会治理领域立法，完善公共法律服务体系，针对生产安全、生态环境、食品药品等领域存在的执法不严等问题拿出治本之策，充分发挥执法司法规范社会行为、引领社会风尚的重要作用。健全涉企错案甄别纠正的常态化机制，推动形成明晰、稳定、可预期的产权保护制度体系。其次是发挥德治教化作用。道德具有深切、持久的引领力量。应以社会主义核心价值观为统领，深入挖掘中华优秀传统文化，大力弘扬革命文化和社会主义先进文化，加强社会诚信体系建设，打造具有中国特色、彰显时代精神的德治体系。最后是结合智能化手段，加快推进社会治理智能化建设，打造数据驱动、人机协同、跨界融合的智能化治理新模式，助推社会治理决策科学化、防控一体化、服务便捷化。

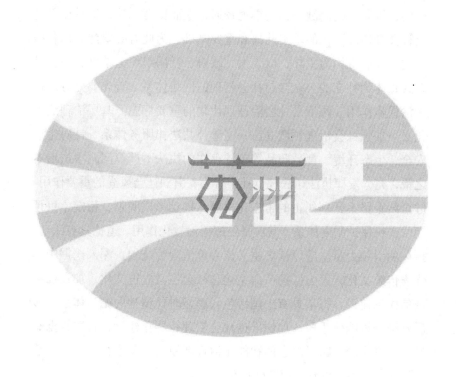

第六章

法治保障是推进基层社会治理法治化的必备条件

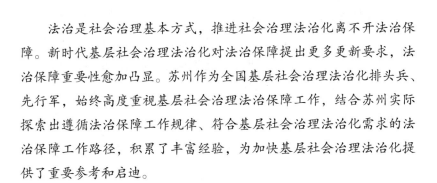

　　法治是社会治理基本方式,推进社会治理法治化离不开法治保障。新时代基层社会治理法治化对法治保障提出更多更新要求,法治保障重要性愈加凸显。苏州作为全国基层社会治理法治化排头兵、先行军,始终高度重视基层社会治理法治保障工作,结合苏州实际探索出遵循法治保障工作规律、符合基层社会治理法治化需求的法治保障工作路径,积累了丰富经验,为加快基层社会治理法治化提供了重要参考和启迪。

第一节　法治保障在基层社会治理
　　　　　法治化中的重大价值

人类社会自产生以来，就在生产力制约和推动的双重影响下不断探寻符合社会治理规律的有效方式，不断获得和总结丰富的社会治理经验。基层社会治理长期实践充分证明，法治是基层社会治理的基本方式和可靠路径，是确保基层社会长久稳定、可持续发展的重要条件。法治保障是实现基层社会治理法治化的重要支撑和重要基础。没有完善有力的法治保障，基层社会治理法治化就会因失去重要屏障难以为继，最终会给基层社会稳定和人民群众福祉带来极大的不确定性和难以估量的后果。因此，法治是基层社会治理应有之义，构筑有力的法治保障是基层社会治理法治化沿着正确方向前进的重要基础，是践行基层社会治理法治化治理为民宗旨的重要条件。

一、法治保障是基层社会治理法治化沿着正确方向前进的重要基础

基层社会治理法治化是全球治理面临的共同课题，各国都为此开出了良方。作为世界上最大的发展中国家，我国基层社会治理法治化正处于克难攻坚期，面临的形势更为严峻复杂。方向决定命运。越是在重要关口，越是丝毫不能动摇基层社会治理法治化的正确方向，并确保基层社会治理法治化沿着正确方向继续前进。法治保障对基层社会治理法治化沿着社会主义和现代化的正确方向前进起着十分重要的作用。

第六章　法治保障是推进基层社会治理法治化的必备条件

（一）法治保障是沿着社会主义方向前进的重要基础

坚持党的领导是社会主义法治的根本要求，"是社会主义法治最根本的保证"[1]，是社会主义法治保障的应有之义和最大优势，是社会主义法治保障建设取得实效的根本所在、命脉所在。坚持党的领导与社会主义法治是一致的。只有毫不动摇地坚持党的领导，社会主义法治保障才能始终沿着社会主义方向前进；只有毫不动摇地走中国特色社会主义法治保障建设道路，才能真正把党的领导落到社会主义法治实处。推进基层社会治理法治化离不开有力的法治保障，关键就是不能离开党的领导，最根本的是不能偏离基层社会治理法治化的社会主义方向。只有把党的领导落到法治保障建设中，才能有效发挥党的政治领导、思想领导、组织领导等全面领导优势，才能始终保持法治保障建设的社会主义方向，彰显社会主义法治保障在加快推进基层社会治理法治化进程中的政治优势和法治优势，进而为基层社会治理法治化提供正确方向指引，不断夯实基层社会治理法治化社会主义方向前进的政治基础和法治基础，增强抵御偏离正确方向政治干扰的方向定力和行动自觉，确保我国基层社会治理法治化始终沿着社会主义方向破浪前行。

（二）法治保障是沿着治理现代化方向前进的重要基础

基层社会治理是国家治理的重要内容。国家治理现代化既是我国发展的重要目标，也是国家治理的奋斗方向。它不仅规定了基层社会治理的目标任务，也为基层社会治理指明了现代化的前进方向。基层社会治理现代化作为基层社会治理总目标，内在地规定了基层社会治理法治化要服从和服务于基层社会治理现代化，蕴涵着基层社会治理法治化沿着基层社会治理现代化方向前进的重大要求。基

---

[1] 习近平.加快建设社会主义法治国家[J].求是，2015（1）：3.

层社会治理法治化是基层社会治理现代化的重要基础，构筑有力的法治保障不仅服务于基层社会治理法治化，归根到底也为基层社会治理遵循现代化方向提供重要基础。从更深层次维度分析，基层社会治理法治化过程本身就是基层社会治理现代化过程，构筑法治保障不仅助力基层社会治理法治化，而且通过不断提高基层社会治理主体的法治素养、优化依法治理方式、完善依法治理体制、强化依法治理氛围等，实质上也是为基层社会治理沿着现代化方向前进构筑了完善的法治体系，为全面实现基层社会治理现代化奠定了坚实基础。

二、法治保障为基层社会治理法治化稳步建设提供重要支撑

基层社会治理法治化是在广泛、深刻的治理实践中形成的长远战略目标，需要在稳步完成阶段性任务中渐次实现。构筑有力的基层社会治理法治化的法治保障有利于为基层社会治理法治化提供理念引领和协调做实各项工作要求，为稳步推进和加快基层社会治理法治化建设进程提供重要支撑。

（一）法治保障有利于为基层社会治理法治化提供思想支撑

理念指引行动。没有科学理论指引，实践难以取得成功。基层社会治理法治化是一场广泛而深刻的基层社会治理变革，面临来自思想观念、体制机制等深层次、多维度的艰巨考验。要取得基层社会治理法治化这场基层社会治理变革的最终胜利，不能脱离先进理论的科学指导。构筑有力的法治保障，首要体现在构筑有力的理论保障体系，将马克思主义基本原理与当代中国国情相结合，构建起立足中国特色社会主义新时代、符合我国基层社会治理实际、汲取世界治理经验精华、体现基层社会治理规律的社会主义治理理论和

第六章 法治保障是推进基层社会治理法治化的必备条件

社会主义法治理论。引导全社会辩证看待我国基层社会治理法治化面临的机遇和挑战,为有效克服基层社会治理法治化进程中出现的重大治理难题和法治困境提供理论指导和学理支撑,准确识别中西方基层社会治理法治化在价值宗旨、目标追求、思想理论等方面的本质区别,破除西方基层社会治理法治化学说迷信,廓清思想认识误区、扫除思想认识盲区、避免深陷思想认识雷区,不断为坚定我国基层社会治理法治化的理论自信、道路自信、制度自信、文化自信和治理自信提供重要思想保障,切实将思想支撑转化为基层社会治理法治化成功实践。

（二）法治保障有利于协调推进基层社会治理法治化建设任务

基层治理法治化是由若干要素构成的系统工程,需要在党中央集中统一领导下各基层社会治理主体协调推进、稳健实施。构筑有力的法治保障基础在科学立法,坚持立法先行,将以民为本、立法为民理念,把公正、公平、公开原则贯彻到立法全过程,全面提高立法质量,真正做到善立法、立良法,发挥科学立法对基层社会治理法治化的引领和推动作用。关键在严格执法,"法立,有犯而必施;令出,唯行而不返"[1],"法律的生命力在于实施,法律的权威也在于实施"[2]。通过健全执法体制、优化执法程序、严格执法责任、提高执法效能,彰显法律在基层社会治理进程中的刚性约束与教育引导作用,真正将法律权威落到基层社会治理法治化实处。底线在公正司法,坚守司法为民、司法靠民的基本原则,以事实为根据、以法律为准绳,完善司法体制,强化司法监督,铲除司法腐败,

---

[1] 语出唐·王勃《上刘左相书》。

[2] 中共中央宣传部.习近平新时代中国特色社会主义思想学习纲要[M].北京:学习出版社,2019:101.

坚守司法公正底线，切实维护基层社会公平正义，增强基层社会治理法治化的司法公信力。重点在全民守法，加强社会主义法治教育，提升人民法治素养，坚定人民法治信仰，增强人民投身基层社会治理法治化伟大实践的主动性和积极性。加快推进法治社会建设，最终使得科学立法、严格执法、公正司法、全民守法等法治保障的各个环节有序衔接、有效配合、有机联动，为协调推进基层社会治理法治化建设提供可靠法治保障。

三、法治保障是践行基层社会治理法治化治理为民宗旨的重要条件

治理为民是基层社会治理法治化的出发点和落脚点。构筑有力的法治保障既为基层社会治理法治化践行治理为民初心使命提供了重要的民心基础，也有效满足了人民美好生活需要，全面提高了基层社会治理法治化实效。

（一）法治保障是夯实基层社会治理法治化民心基础的重要条件

基层社会治理法治化是伟大社会革命的重要组成部分。人民群众是这场没有硝烟的社会革命的主人，人民群众拥有推进基层社会治理法治化的真正伟力。"真正的铜墙铁壁是什么？是群众，是千百万真心实意地拥护革命的群众。"[1]任何企图离开人民群众的社会治理法治化不仅在思想上是极其错误的，而且在实践中也是十分有害的，终将被人民群众唾弃，终究逃脱不了失败的厄运。构筑有力的法治保障不是要背离、放弃甚至否定唯物史观，恰恰相反，而是要在捍卫人民主体地位的基础上，不断改善和创造人民当家作主的法治条件，依法保障人民群众参与基层社会治理法治化的知情

---

[1] 毛泽东.毛泽东选集（第1卷）[M].北京：人民出版社，1991：139.

权、参与权、监督权、选举权等民主权利。完善健全、优化创新人民依法参与社会法治化的体制机制，使人民群众对基层社会治理法治化有更多的思想认同、政治认同、情感认同、法治认同，有效凝聚人民群众热情，广泛集中人民群众智慧，不断夯实基层社会治理法治化的民心基础，彰显基层社会治理法治化的人民性特征，广泛动员人民依法有序参与到这场基层社会治理法治化的伟大社会革命中来。

（二）法治保障是有效满足人民美好生活需要的重要条件

基层社会治理法治化既要贯彻治理为民理念，更要用扎实治理成果取信于民。中华人民共和国70多年基层社会治理实践证明：什么时候法治保障健全，基层社会治理法治化进展就会比较顺利，人民美好生活需要就会得到有效满足；什么时候法治保障不够健全甚至遭遇重大挫折，基层社会治理法治化进展就会放缓甚至深陷困境，人民美好生活需要的满足程度就会大打折扣。当前，中国特色社会主义进入新时代，社会主要矛盾已发生重大调整，人民美好生活需要日益增长，需求类别和需求品质出现新变化，这对基层社会治理法治化提出新的更高期待。构筑有力的法治保障不仅为基层社会治理法治化提供了一系列法治原则、法治规则、法治遵循，而且为人民群众通过合法勤劳手段发家致富满足物质利益需要、依法有序参与政治生活满足民主政治权益需要、丰富精神文化生活满足文化权益需要、缓解教育住房养老医疗难题满足社会公平正义权益需要、拥有优美自然环境满足生态权益需要，为满足人民群众多层次、宽领域、全方位的，由基本生活满足型向美好生活发展型转变的更高层次需要提供了重要法治支撑。

第二节　苏州完善基层社会治理法治化法治保障的探索实践

苏州高度重视基层社会治理法治化工作，不断构筑有力的基层社会治理法治化法治保障体系。党的十八大以来，苏州高举习近平新时代中国特色社会主义思想伟大旗帜，深入贯彻习近平总书记关于社会治理和社会主义法治等方面的重要论述，勇担为全省和全国基层社会治理现代化探路的光荣使命，以只争朝夕的精神状态和一往无前的奋斗姿态扎根苏州经济社会发展大地，重点聚焦苏州基层社会治理法治化的重大理论与现实课题，广泛吸收借鉴市域内外完善基层社会治理法治化法治保障的宝贵经验，逐步走出一条符合基层社会治理规律、彰显苏州发展品质、高效务实管用、人民群众满意的基层社会治理法治化法治保障建设的苏州之路。

一、以法治型党组织建设引领法治保障建设

坚持党的领导是社会主义法治的根本保证，是社会主义法治保障建设的内在要求。苏州在构筑有力的基层社会治理法治化法治保障体系进程中坚持党的集中统一领导，认真学习贯彻习近平总书记关于依规治党重要论述，正确处理党内治理法治化与基层社会治理法治化的关系，科学谋划法治型党组织建设顶层设计，整体推进基层法治型党组织建设实践，找到了全面从严治党的有效抓手，全面提升了党内治理法治化水平，为法治保障体系建设提供了重要的政治保障、理论指导和领导保证。

第六章　法治保障是推进基层社会治理法治化的必备条件

（一）科学谋划法治型党组织建设顶层设计

"法者，治之端也。"建设法治型党组织是苏州贯彻落实习近平新时代中国特色社会主义思想、党中央重要决策部署和党内法规建设要求的重大创新，是推动全面从严治党向纵深发展的重要举措，是完善基层社会治理法治化法治保障的重大利器。2015年3月，苏州市委制定出台《关于建设法治型党组织的意见》（以下简称《意见》），明确了建设法治型党组织的基本原则、主要目标、重点任务和措施，对法治型党组织建设做出了全面系统部署，夯实了理论基础，规划了实践路径。《意见》的出台为加强党对基层社会治理的领导提供了重要依据，为构建有力的基层社会治理法治化保障体系提供了坚强法治保障，为以党内治理法治化引领和推动基层社会治理法治化、夯实基层法治保障的领导基础奠定了重要条件。《意见》颁布之后，苏州又发布了《苏州市法治型党组织建设三年行动计划（2017—2019年）》，为稳步有序高标准实施法治型党组织建设提供了重要依据，增强了法治型党组织建设顶层设计的科学性。

（二）整体协调推进基层法治型党组织建设

在苏州市委统一领导下，各板块、各条线制定出台重要文件，积极创建法治型党组织，形成良好创建氛围。苏州市人大常委会打造"法治先锋"党建品牌，有力推动法治型党组织建设，形成良好品牌效应[1]。张家港市制定法治型党组织建设综合评估体系，形成总体目标、工作机制、监测细则"三位一体"的量化监测体系。吴中区探索实行"清单管理"，针对基层党组织、党组织书记、党员干部的职能定位和不同特点，明确基层党组织加强和改进对法治工作的领导、增强党员干部法治思维等8条责任清单。常熟市分镇

---

[1] 陈泽亚.以品牌建设为引领，奋力开创新时代人大机关党建工作新局面[EB/OL].（2019-04-25）[2021-03-17].http://www.jggw.suzhou.gov.cn/News/Detail/86093.

（街道）、村（社区）、非公企业和机关事业单位四个领域分别制定基层法治型党组织建设标准，积极推动基层治理法治化、管党治党规范化。太仓市积极搭建"十项载体"推进法治型党组织建设，通过组织开展"法治建设在身边"争创、法治型党组织"红色沙龙"、法治型党组织微故事评选等活动，推动法治型党组织建设落地生根。[1]

二、健全法治规则，夯实法治保障根基

构筑有力的法治保障基础在健全法治规则。没有法治规则，法治保障就容易流于形式。苏州一方面发挥地方人大作为地方国家权力机关在法治规则制定中的关键作用，另一方面加强法治规则整合、提高法治保障合力，有效健全法治规则、夯实法治保障体系根基。

（一）发挥地方人大制定法治规则的关键作用

地方人大作为地方国家权力机关在法治保障建设中发挥着关键作用。根据《中华人民共和国立法法》规定，苏州人大及其常委会依法制定地方性法规。苏州市自1993年4月22日被批准为"较大的市"，至2021年拥有地方立法权已有28年。苏州从取得地方立法权后就制定了第一个法规——《关于制定地方性法规的规定》（现行有效法规是《苏州市制定地方性法规条例》），这使全市立法工作从一开始就步入科学化、民主化、法制化轨道。据统计，截止到2019年2月，苏州市现行有效的地方性法规目录共59部，涉及城乡建设与管理、环境保护、历史文化保护等的事

---

[1] 以上张家港市、吴中区和常熟市等案例参见苏州市推进法治型党组织建设工作综述 [EB/OL]．(2017-06-21) [2021-03-17]．http://www.zgjssw.gov.cn/shixianchuanzhen/suzhou/201706/t20170621_4259430.shtml．

第六章 法治保障是推进基层社会治理法治化的必备条件

项与基层社会治理密切相关，一些法规如《苏州市生态补偿条例》填补了我国生态补偿立法领域空白，产生了重要影响和积极作用，并形成了"苏州地方立法的十个首次"，即首次由人大组织起草政府管理职能的法规草案、首次启动法规个别重要条款单独表决机制、首次引入第三方参与献血立法审查论证机制、首次创新法规清理修改模式、首次对地方性法规实行逐条统一审议、首次构建立法后评估机制、首次搭建"两个立法工作平台"、首次邀请立法专家顾问和基层立法联系点同志参与常委会审议法规、首次开展立法协商、首次开展对口帮扶城市立法联系指导工作。以上实践充分证明，苏州人大始终坚持科学立法、民主立法、依法立法，不仅确保了立良法、善法，而且彰显了地方人大在制定法治规则中的关键作用，为基层社会治理提供了重要的法治依据，为基层社会治理法治化提供了重要的法规保障。

（二）加强基层法治资源整合，提高法治保障合力

基层社会治理法治规则是一整套规

> 链接
>
> 2014年4月28日，江苏省苏州市第十五届人大常委会第十三次会议全票通过《苏州市生态补偿条例》（以下简称《条例》）。《条例》在生态补偿机制的法律化、规范化、制度化建设方面起到示范、引领、推动作用，填补了国内生态补偿立法方面的空白。《条例》于2014年10月1日起正式施行。《条例》积极推行体现生态价值和代际补偿的资源有偿使用制度，全面构建区域生态补偿机制。并且还对多元化补偿机制做出了规定，为建立多元化生态补偿机制和鼓励社会力量参与生态补偿活动预留了空间。
>
> ——《苏州出台全国首个生态补偿地方性法规》，《光明日报》，2014年4月30日，略有改动

则的系统集成。苏州在构筑法治保障中善于整合多方面法治规则，构筑全方位、立体式的保障体系，有效汇聚保障力量、提高保障合力。苏州重视村规民约、社区公约的法治约束作用。市法宣办专门明确要求把"村规民约、社区公约专项梳理"作为"法润村居"行动的重点，明确村规民约、社区公约制定修订的基本原则、内容形式和具体步骤。苏州市司法局下发《关于深入推进村（社区）法律顾问工作的实施方案》，要求严格落实收集意见、提出初稿、征集意见、合法性审查、表决通过、公布实施和备案"七步工作法"。[1] 苏州工业园区司法局部署了"一社区一法律顾问"全程参与社区公约专项梳理工作，进一步完善公约内容、规范修订程序，提升公约的公信力。[2] 昆山市巴城镇自2014年7月起全面开展村规民约的制定和实施，并在推动村规民约中注重落实奖惩制度，克服村规民约"软法偏软"的问题。[3] 苏州重视社会组织章程的法治约束作用。2015年，苏州市民政局印发《苏州市社会组织行为规范》，明确规定社会组织要严格按照章程规定的宗旨和业务范围开展活动，开展活动必须遵守宪法、法律、法规和国家政策。2018年，苏州市委办公室、市政府办公室印发《关于改革社会组织管理制度 促进社会组织健康有序发展的实施办法》[4]，聚焦社会组织在发展中还存在

---

[1] 参见《市委办公室市政府办公室印发〈关于深入推进村（社区）法律顾问工作的实施意见〉的通知》（苏委办发〔2015〕88号）。

[2] 沈丹.苏州工业园区社区法律顾问全程参与村规民约梳理［EB/OL］.（2017-06-14）［2021-03-18］.http://www.pfcx.cn/Item-73234.aspx.

[3] 苏州昆山村规民约"约"出文明乡风 提升乡村文明水平［EB/OL］.（2016-04-07）［2021-03-18］.http://www.wenming.cn/syjj/dfcz/js/201604/t20160407_3267869.shtml.

[4] 参见《关于改革社会组织管理制度 促进社会组织健康有序发展的实施办法》（苏委办发〔2018〕107号）。

第六章　法治保障是推进基层社会治理法治化的必备条件

法规制度建设滞后、管理体制不健全、支持引导力度不够、社会组织自身建设不足等问题，从强调做好登记审查、明确培育发展重点、完善扶持政策措施、加强社会组织建设、严格依法监督管理、强化党建工作引领、加强部门协同保障等方面为全市社会组织管理和发展提供了方法和依据，对推动全市社会组织健康有序发展、参与基层社会治理等起到积极作用，切实提高了法治保障合力。

三、聚焦治理主体，抓实法治保障关键

主体多元性是社会治理的鲜明特征。基层社会治理法治化离不开基层政府与村（社区）、企业、社会组织等其他治理主体的协同互动。构筑有力的法治保障关键是抓好治理主体自身法治建设，提升治理主体法治素养。苏州围绕依法行政加强基层法治政府建设，围绕依法治理加强基层法治社会建设，努力为法治保障奠定主体支撑。

（一）推动依法行政，加强基层法治政府建设

基层法治政府作为传统治理主体，对法治保障具有十分重要的影响。基层政府带头依法行政、依法行权，做到法定职责必须为，能够在全社会起到正面示范作用，夯实法治保障行政基础；基层政府如果破坏"法无授权不可为"原则，行政乱作为，就会产生严重的示恶效应，侵蚀法治保障根基。苏州高度重视基层法治政府建设，充分发挥基层政府在法治保障中的带动和辐射作用。党的十八大以来，苏州全面落实党中央、国务院《法治政府建设实施纲要（2015 — 2020年）》，制定出台了《苏州市法治政府建设2016 — 2020年规划》（以下简称《规划》）。《规划》对政府职能转变、行政管理体制改革、完善重大行政决策机制、加强制度建设、推进综合执法体制改革等

工作提出了明确要求，全面推进政府工作规范化、程序化、法治化，打造与苏州作为历史文化名城、较大城市相匹配的法治环境，使法治成为苏州核心竞争力的重要标志，这为法治苏州建设提供了重要依据。具体而言，《中共苏州市委全面依法治市委员会2019年工作要点》把"加快推进法治政府建设"作为全面依法治市年度六个方面重点任务之一，市委、依法治市委印发了《关于开展法治政府建设示范创建活动的实施意见》，同时还出台了《关于加强法治政府建设与责任落实督察工作的实施意见》《法律实施效果评估暨法治一体化建设试点工作方案》《2019年度法治苏州建设工作监测评价实施方案》等，就法治政府建设法治化做出重大部署，推动了政府在依法履行职能、高质量立法、规范权力运行、严格规范公正文明执法、强化公权力监督、依法有效化解社会矛盾纠纷等方面取得了显著成效。苏州在《2018年中国法治政府评估报告》100个参评城市中排第四位，在参评地级市中排名第一。上述文件和成绩既客观呈现了苏州基层法治政府建设实践探索，也充分反映出苏州推进基层法治政府建设提升法治保障实效的创新思考。

（二）推动依法运行，加强基层法治社会建设

社会治理不等于政府一元治理，村（社区）、企业、社会组织等主体在基层社会治理中占据独特位置，发挥独特作用。这些重要治理主体能否依法运行不仅对自身可持续发展产生直接影响，而且还会对整个基层法治社会建设产生直接作用，最终将会对整个法治保障建设生态带来深刻变革。苏州高度重视村（社区）、企业、社会组织等治理主体自身法治建设，不断夯实基层法治社会的主体基础。近年来，苏州积极推进民主法治示范村（社区）建设，抓住民主选举、民主决策、民主管理、民主监督和村务、政务两公开的"四

第六章　法治保障是推进基层社会治理法治化的必备条件

民主两公开"村民自治模式，出台《关于加强城乡社区协商的实施意见》《关于加快推进城乡社区治理现代化的意见》《苏州市村务公开目录》（修订），姑苏区出台《姑苏区规范工作事项进社区暂行办法》《关于规范社区相关工作事项的名录》，切实厘清社区工作事项与权责，规范工作、台账、达标考核、盖章事项，释放社区管理空间。全市因地制宜建立健全民主法治制度，依法治村，以民主公开新模式带动了"阳光村务"的实现，充分保障了村民（居民）的知情权、参与权、决策权和监督权。截至2018年8月，全市已建成全国民主法治示范村(社区)12个，省级民主法治示范村(社区)978个，数量位居全省前列。[1]同时加快出台社会组织发展政策，例如姑苏区发布《关于大力发展社会组织的实施意见》《姑苏区社会组织发展扶持政策》《苏州市姑苏区社会组织人才计划实施细则》《姑苏区关于全面推进"政社互动"深化"三社联动"工作实施意见》等文件，促进社会组织蓬勃发展，助力"三社联动"发展。鼓励企业依法依规参与基层社会治理。苏州工业园区利用"中新社会管理合作试点单位"契机，逐步形成了以企业社会责任联盟为主阵地，以联盟企业为主体，以企业员工、社区居民、消费者为利益相关方的"社会责任生态圈"，引导社会各方依法参与社会治理。[2]苏州工业园区唯亭街道泾上社区主动吸纳更多的企业参与社区服务，确定结对服务项目，与大金电器机械（苏州）有限公司进行社企结对，积极努力走出一条社区企业共享、社区居民受益的基层社会治理创新之路，助力基层社会治理改革。这些重要探索和创新实践既为多

---

[1] 苏州市政府办公室.苏州市建成12个全国民主法治示范村（社区）[EB/OL].（2018-08-06）[2021-03-19].http://www.jiangsu.gov.cn/art/2018/8/6/art_33718_7778260.html.

[2] 钱怡.十一届中国·企业社会责任国际论坛暨2015责任中国荣誉盛典举行园区摘"2015政府责任创新奖"[EB/OL].（2015-11-28）[2021-01-03].http://news.sipac.gov.cn/sipnews/yqzt/zerenlianmen/dtxx/201512/t20151225_404929.htm.

元主体参与基层社会治理搭建了重要平台，也为基层法治社会建设确立了重要路径，为法治保障奠定了建设主体基础。

四、营造法治氛围，优化法治保障生态

基层社会治理法治化落脚点在全民守法。这是基层社会治理法治化的应有之义，也是最可靠、最长久、最有效的法治保障。苏州紧紧围绕普法宣传教育，积极培育践行社会主义核心价值观，有力坚定了全民法治信仰，提升德法并行实效，持续营造良好法治氛围，优化了法治保障生态。

（一）加强普法宣传教育，坚定全民法治信仰

加强普法宣传教育、筑牢全民法治信仰是推进基层社会治理法治化的重要条件，是构筑有力法治保障的基础性工程。没有广泛、深入、有效的普法宣传教育，人们就很难从内心深处认同社会主义法治，全民法治信仰基础就会愈发脆弱。苏州始终高度重视普法宣传教育工作，制定《关于在全市公民中开展法治宣传教育的第七个五年规划(2016—2020年)》和《苏州市法治宣传教育第七个五年规划实施情况考核验收办法》强化顶层设计，制定出台《苏州市国家机关"谁执法谁普法"责任制实施意见》《国家机关"谁执法谁普法"责任清单》《苏州市落实国家机关普法联动事项工作规程》，确保普法宣传教育责任落实；更新宣教内容，重点突出宪法宣传教育，并将百余部法律法规作为常态化普法指标，建成了全国首个全部以宪法为布展内容，集场景复原、雕塑、平面展示、原创视频和互动等多形式的宪法宣传教育馆并入选第二批"全国法治宣传教育基地"，开通全国首个"网上宪法馆"；改善宣教方式，十分注重将新媒体手段贯穿法治宣传教育全过程，有效推动报刊、

第六章　法治保障是推进基层社会治理法治化的必备条件

电台、电视、网站等普法平台与"法润民生"微信群、各类普法微博微信等新媒体平台的线上线下互动,形成"全媒体"法治宣传格局;提高宣教效能,加大法治主题公园、法治文化广场、法治文化街区、法治画廊等法治文化设施建设力度,建立完善城乡各类法治文化公共设施体系,推动市、县(市、区)、镇(街道)三级法治文化阵地实现全覆盖,全市共建成省级法治文化建设示范点47个、市级法治文化建设示范点224个。苏州市被评为全国"七五"普法中期先进城市,常熟市被评为先进县(市、区)。这些卓有成效的普法宣传教育工作不仅营造了全社会学法的浓厚氛围,而且还极大地增进了全民法治认同,筑牢全民法治信仰之基。

(二)培育践行社会主义核心价值观,助推德法并行

坚持法治与德治并行是法治保障的鲜明要求。"徒善不足以为政,徒法不足以自行。""法律是成文的道德,道德是内心的法律。"[1]法治和德治不可

> **链接**
>
> 2016年12月9日,中共中央政治局进行主题为"我国历史上的法治和德治"的第37次集体学习,习近平总书记主持学习并发表重要讲话,指出"法律是成文的道德,道德是内心的法律"。讲话深刻揭示了法治与德治的辩证关系,丰富和发展了马克思主义关于法律与道德关系的理论,阐明了在新的历史条件下如何坚持依法治国和以德治国相结合,为我们坚定不移走中国特色社会主义法治道路指明了方向。
>
> ——《坚持依法治国和以德治国相结合》,人民网,2017年6月15日,略有改动

---

[1] 习近平. 习近平谈治国理政[M]. 北京:外文出版社,2014:141.

分离、不可偏废,更不可对立。苏州将大力培育和践行社会主义核心价值观作为施行德治总抓手,认真贯彻中央《关于培育和践行社会主义核心价值观的意见》要求,以"好人文化"践行社会主义核心价值观,连续 20 多年开展道德模范、身边好人的选树工作,加快建设"文明苏州德善之城";丰富道德教育形式载体,开展"道德讲堂""道德评谈",建成目前省内最大的公民道德教育专题场馆——苏州公民道德馆,建成和落实德善书院和德善学堂运行,真正让社会主义核心价值观入脑入心。与此同时,苏州把培育和践行社会主义核心价值观与弘扬"张家港精神""昆山之路""园区经验"三大法宝结合起来,与弘扬"崇文睿智 开放包容 争先创优 和谐致远"的苏州城市精神结合起来,推动社会主义核心价值观与苏州本土先进文化相结合,与新时代社会文明实践中心(分中心、站所)建设结合起来,提升社会主义核心价值观培育和践行的时代性,不断为法治提供有益道德滋养,增强德法并行的内生动力。

第六章 法治保障是推进基层社会治理法治化的必备条件

第三节 苏州完善基层社会治理法治化法治保障的经验启示

构建基层社会治理法治化法治保障是各地区需要协同完成的具有重大战略意义但又面临重大风险考验的时代课题。苏州牢记为全国基层社会治理法治化工作探路的光荣使命，结合苏州经济社会发展实际特别是基层社会治理特点进行了很多具有原创性、引领性价值的探索和创新，为探索中国特色基层社会治理法治化法治保障建设做出了苏州贡献，对全国其他地区提升法治保障建设效能提供了重要的经验和启示。

一、法治型党组织建设是构筑有力法治保障的重要基础

坚持党的领导是社会主义法治的显著特征与根本保证，推动党的领导在法治保障建设中落细落小落实是贯彻党的领导的关键。苏州在习近平新时代中国特色社会主义思想指导下，认真学习贯彻习近平总书记关于社会主义法治重要讲话精神，深刻领会《中共中央关于全面推进依法治国若干重大问题的决定》等党中央重大决策精神，率先出台《关于建设法治型党组织的意见》，推动以法治型党组织建设引领法治保障建设，为构筑有力法治保障奠定重要基础，为在法治保障建设中抓实党的领导提供了路径参考。

（一）切实增强推进法治型党组织建设的思想政治自觉

坚持党对法治保障建设的领导首先要提高思想认识和政治站位，切实把思想统一到以习近平同志为核心的党中央关于社会主义法治建设的要求上来，切实从政治高度上贯彻党中央重大决策部署。

只有切实增强思想政治自觉,才能为党的领导落到实处提供基本条件。苏州在全面推进基层社会治理法治化进程中,认真学习贯彻习近平总书记关于"党的领导是社会主义法治最根本的保证","社会主义法治必须坚持党的领导,党的领导必须依靠社会主义法治"[1]的深刻内涵,在进行广泛调研和充分论证基础上,根据苏州党建工作实际,率先在全国出台《关于建设法治型党组织的意见》。这份重要《意见》的出台,不仅有效贯彻了党中央重大决策部署,而且还为指导苏州基层党建,特别是为把党的领导贯彻到基层社会治理法治化及其法治保障建设中提供了重要依托。苏州近五年的法治型党组织建设产生了丰硕成果,不仅党组织法治意识进一步增强、党组织依法执政、依法办事能力进一步提高,而且基层社会治理法治化水平进一步提升,党员和群众合法权益得到依法保障,基层党组织在全面推进法治苏州建设中的战斗堡垒作用有效发挥,基层法治保障建设更加完善有效。法治型党组织建设不仅成为苏州构建有力法治保障的重要成果,而且本身也成为构建有力法治保障的根本内容。事实证明,正是由于苏州市委具有高度的推进法治型党组织建设的思想政治自觉,不仅提出法治型党组织创新理念,而且还持之以恒有序推进,这才有力保证了法治保障建设,取得了人民认可的成果。相反,如果对法治型党组织建设的思想认识不够充分,政治站位不够高,是很难提出这一创新理念的。即便是提出这一概念,也很难取得人民认可的建设成效,法治保障建设基础就会不够牢靠。

---

[1] 2015年2月2日,习近平在省部级主要领导干部学习贯彻十八届四中全会精神全面推进依法治国专题研讨班开班式上发表的重要讲话中指出党的领导对社会主义法治建设的意义。

第六章 法治保障是推进基层社会治理法治化的必备条件

（二）把法治型党组织建设要求落到法治保障建设实处

坚持党对社会主义法治保障建设的领导是重要的思想政治原则，而且我们必须把这一重大原则落实到法治保障建设全过程，否则党的领导就会虚化、空转，对法治保障建设将带来不利影响。苏州在法治型党组织建设过程中，不仅从市委层面出台了《关于建设法治型党组织的意见》，而且各地区、各板块、各条线根据市委统一要求，分别制定了符合地方实际的法治型党组织建设实施意见，如常熟市委出台了《关于法治型基层党组织建设的实施意见》，常熟市梅李镇党委印发了《关于深化基层法治型党组织建设的实施意见》的通知，常熟市团委下发了《共青团常熟市委员会关于法治型党支部建设的实施办法》，苏州吴中区印发了《创建基层法治型党组织指标评价体系》……这些意见、办法不仅全面遵循了党中央重要决策部署，贯彻了市委意见精神，而且也进一步将党的领导落实到科学立法、严格执法、公正司法、全民守法全过程，确保完备的法律规范体系、高效的法治实施体系、严密的法治监督体系、有力的法治保障体系有机衔接、相互配合，推动了法治型党组织建设在基层社会治理法治化建设中落地生根，引领基层法治保障建设并确保以法治型党组织建设为引领的党的建设落到法治保障建设实处。苏州实践充分证明，只有在理念上形成先进科学的法治保障建设理念，而且在实践中认真贯彻以法治型党组织建设为引领的党的建设各项要求，构建有力的基层法治保障建设才能落到实处，才能真正保持法治保障正确方向，否则法治保障建设就极有可能偏离正确方向并产生不利后果，法治保障就难以取得实效，基层社会治理法治化建设进程就会出现重大停滞。

二、以人民为中心是构筑有力法治保障的价值遵循

人民群众是社会主义法治保障建设的重要参与者,也是最终受益者。人民满意是衡量基层社会治理法治化法治保障工作的根本标准,必须将人民满意贯彻法治保障体系建设全过程。苏州法治保障建设实践充分证明,只有始终将以人民为中心贯彻法治保障全过程,始终将人民真正满意作为检验法治保障工作成效最高标准,才能有效凝聚基层社会治理法治化和构建有力法治保障的人民伟力,夯实民心基础,增强人民群众获得感、幸福感,维护基层社会安全稳定。

(一)把群众路线贯穿法治保障建设全过程

人民群众是推动社会发展的决定性力量。构建基层社会治理法治化法治保障归根到底是人民事业。"忘记了人民,脱离了人民,我们就会成为无源之水、无本之木,就会一事无成。"[1] 人民对实现基层社会治理法治化产生决定性影响,构建有力的法治保障必须时刻紧紧依靠人民,树牢群众观点,坚定不移走群众路线。苏州在

> "水能载舟,亦能覆舟。"这个道理我们必须牢记,任何时候都不能忘却。老百姓是天,老百姓是地。忘记了人民,脱离了人民,我们就会成为无源之水、无本之木,就会一事无成。我们要坚持党的群众路线,始终保持党同人民群众的血肉联系,始终接受人民群众批评和监督,心中常思百姓疾苦,脑中常谋富民之策,使我们党永远赢得人民群众信任和拥护,使我们的事业始终拥有不竭的力量源泉。
>
> ——2016年10月21日,习近平在纪念红军长征胜利80周年大会上的讲话

---

[1] 习近平.在纪念红军长征胜利80周年大会上的讲话[M].北京:人民出版社,2016:15.

第六章 法治保障是推进基层社会治理法治化的必备条件

构建基层社会治理法治化法治保障过程中,坚定贯彻群众路线,在法治型党组织理念提出和建设过程中广泛听取各方意见,充分汲取人民群众智慧;在健全法治规则进程中,苏州人大坚持民主立法,广泛吸取、科学采纳社会意见,增强法规人民性;切实将基层实践中产生的村规民约吸纳到法治规则库中来;在聚焦治理主体中充分吸收本质上是人民群众的、现实体现为各主体的治理主体优势;在营造法治氛围中加强对人民群众的法治教育,增强人民群众法治素养;等等。苏州实践充分证明,推进基层社会治理法治化、建构有力的基层社会治理法治保障,必须时刻尊重和捍卫人民群众主体地位,坚持法治保障建设为了人民、依靠人民,从人民中汲取建设营养,把正确法治要求转化为人民群众自觉治理实践,不断彰显法治保障建设的人民性。如果不倾听群众意见呼声,不采纳群众智慧才智,不深入群众开展实际调查研究,高高在上、脱离群众,搞封闭式的法治保障建设,则会严重削弱法治保障建设的人民性、科学性、实效性,社会治理法治化法治保障就会出现有"法"无"保"的严重后果,基层社会治理法治化就难以有效推进,最终将影响基层社会稳定大局、侵蚀人民利益。因此,把群众路线贯穿法治保障建设全过程不仅要求在思想上始终树牢群众观点,更要求在实践中把各项要求落到实处,为实现人民真正满意奠定坚实基础。

(二)把人民真正满意作为检验法治保障工作成效最高标准

构建基层社会治理法治化的法治保障工作是过程与结果的统一。我们既需要吸引更多资源投入法治保障建设,也更需要关注法治保障工作成效。检验法治保障工作成效的指标有很多,但只有人民真正满意才是最高标准。只有人民真正满意,法治保障工作才能真正实现法治为民的根本目的。苏州在构建基层社会治理法治化法治保障工作中,坚持人民至上,始终把人民群众真正满意作为检验法治保障工作准则,提供人民群众多渠道、多层次、多维度参评路径。姑苏区发布2019年全区美好社区发展指数报告,创新推出"美好指数"[1],综合反映美好社区创建全貌,合理确定群众参评打分权重;张家港市推动"平安张家港"建设,积极探索政府、社会、市民多元融合的基层社区法治化治理模式,"政社互动、社区协商"的成功实践高票获评"中国法治政府"奖,不断增强人民群众安全感、满意度;昆山市张浦镇金华村公开选举5名在村里群众基础好、敢担当善作为的党员担任村监委会成员,重点加强对村务决策、重点工作进展等十项工作监督,构建"立体式"的村务监督格局,增强村民对基层治理法治化的认可度。苏州实践充分证明,如果在法治保障建设过程中表面上提出人民真正满意口号但实际上漠视人民期待,如果只是一时坚持人民满意而未能贯彻到底,不仅人民群众不会真正满意,反而还会贻误法治保障建设有利时机,最终会对基层社会治理法治化产生不利影响。只有始终毫不动摇地树立人民真正满意是检验法治保障工作成效最高标准的理念,只有始终想人民群众之所想、急人民群众之所急,解决好人民群众最关心的法治保障建设难点热点痛点问题,打通法治保障建设"最后一公里",增加人民群众参与法治保障工作评比权重和监督力度,才能切实有效地提高人民群众满意度、支持度。

三、掌握正确工作方法是构筑有力法治保障的重要法宝

构建有力的基层社会治理法治化法治保障是复杂的系统工程,

---

[1] 美好社区指数指标体系基于"安全一点""整洁一点""方便一点""温馨一点""有趣一点"的总体要求,每个"一点"以"三率一感"(知晓率、参与率、满意率、安全感)来体现。

第六章 法治保障是推进基层社会治理法治化的必备条件

不能离开正确工作方法的指导。苏州法治保障建设实践充分证明，只有高度重视工作方法的价值意义，切实运用科学方法论指导法治保障建设，才能降低法治保障体系建设成本，提高建设效能，推动法治保障工作不断迈上新台阶。

（一）要重视正确工作方法指导法治保障建设的价值

方法找对，事半功倍；方法不对，事倍功半。掌握正确工作方法是成功夺取新时代基层社会治理法治化法治保障建设伟大事业胜利的重要条件。苏州法治保障建设取得重要成效，一个很重要原因就在于苏州高度重视工作方法的重大价值。例如，苏州坚持问题导向，既看到法治保障建设取得的成效，同时也针对基层社会治理法治化法治保障建设过程中党的领导存在的薄弱环节，提出法治型党组织建设，切实在法治理念、法治制度、法治方式等方面发挥对法治保障建设的引领作用，进一步做实党的领导要求；苏州坚持历史担当，针对经济社会发展快、基层社会治理问题出现早、解决难度大等困难，坚持以思想创新引领治理创新，率先提出政社互动理念和举措等，为全国其他地区解决类似问题提供了重要借鉴。苏州实践充分表明，在方法论问题上来不得半点虚假，不能为方法而方法，不能犯方法论上的形式主义、教条主义错误。只有始终高度重视正确工作方法的重要性，增强方法论意识，才能真正学懂弄通唯物辩证法和历史唯物主义，才能在实践中有机地运用正确工作方法，真正做到坚持实事求是、坚持战略定力、坚持问题导向、坚持全面协调、坚持底线思维、坚持调查研究、坚持抓铁有痕、坚持历史担当等的有机统一，最终实现事半功倍的效果。

（二）要善于运用正确工作方法指导法治保障建设

方法只有得到使用才能真正彰显价值、发挥作用。如果仅仅将正确工作方法视为工作的"门面"或"装饰",如果不能有机地结合工作实践运用和创造新的工作方法,那么工作极有可能陷入教条主义怪圈,工作效能将极有可能大打折扣。

苏州法治保障建设取得成效,其中一个重要原因就在于苏州不仅重视工作方法,而且还善于运用正确方法指导实践,在实践中又形成新的方法,再指导新的实践,实现方法论与实践论有机统一、良性互动。例如,苏州充分发挥"三大法宝"——"张家港精神"(团结拼搏、负重奋进、自加压力、敢于争先)、"昆山之路"(艰苦创业、勇于创新、争创优先)、"园区经验"(借鉴、创新、圆融、共赢)的重要作用,支持苏州基层社会在探索法治保障建设过程中,解放思想、实事求是、改革创新、合作共赢;在实践中凝练并放大常德盛"乡情工作法"、陈惠芬"融合工作法"、陆仁华"仁爱工作法"品牌工作法效益;太仓在全国率先探索"政社互动"方法,并升级完善"三社联动"体系;苏州率先推动并全面推广"行动支部"工作法……这些工作方法来自实践最终又指导实践,对苏州法治保障建设带来了积极作用。苏州实践深刻揭示,如果仅仅满足于把工作方法放在嘴上而不落实到实践中,如果仅仅满足于照搬照抄、奉行"拿来主义"而不善于消化吸收再创造,地方政府不仅不会掌握唯物辩证法和唯物史观精髓,而且难以构建起有力的法治保障,最终会对基层社会治理法治化、现代化带来严重负面效应。因此,构建有力的法治保障必须高度重视工作方法的运用与创新,要善于在实践中总结符合各地实际的、行之有效的法治保障建设工作方法,与时俱进丰富方法论内涵,充分发挥正确方法的保障和指导作用,为实现基层社会治理法治化和现代化、更好地造福人民群众提供科学方法论保障。

第七章

科技支撑是推进基层社会治理法治化的动力来源

法治是基层社会治理的必要保障,也是支撑国家治理体系和治理能力现代化的重要依托,提升基层社会治理的法治化水平是国家治理现代化的题中应有之义。新时代基层社会治理呈现多元利益冲突与多重矛盾交错等一系列新特点,传统形式的社会管理措施和治理手段已难以有效应对复杂的社会问题,当前处于数字经济和数据化时代,新科技革命和全球产业变革正在重塑全球经济结构,大数据、区块链、云计算、人工智能等新一代信息技术不断走向人类社会现代化的历史舞台,成为社会治理高质量发展的创新驱动力,科学技术显然已经成为助推法治化基层治理的关键性支撑。能否抓住机遇有效依靠科技促

> **链接**
>
> 2019年10月31日,中国共产党第十九届中央委员会第四次全体会议发布公报,提出必须加强和创新社会治理,完善党委领导、政府负责、民主协商、社会协同、公众参与、法治保障、科技支撑的社会治理体系,建设人人有责、人人尽责、人人享有的社会治理共同体,确保人民安居乐业、社会安定有序,建设更高水平的平安中国。关于社会治理体系的表述,公报相对此前的提法,首次增加了"科技支撑"的表述。
>
> ——《以新科技支撑社会治理共同体建设》,人民网,2020年3月16日,略有改动

进国家治理的转型升级，是实现国家治理现代化和中华民族伟大复兴的中国梦的重要时代课题。党的十九届四中全会明确将"科技支撑"作为社会治理体系的重要组成部分，为更好发挥科技驱动社会治理作用找准了定位，明确了方向，构建科技驱动型法治化治理社会，将有利于为广大人民提供精准化、精细化、全方位的优质社会服务，推进构建共建共治共享的社会治理格局的进程。

第七章 科技支撑是推进基层社会治理法治化的动力来源

第一节 科技支撑在基层治理法治化中的重大价值

当前及未来社会,科技在促进社会治理法治化过程中将扮演着越来越重要的角色,信息化时代在给人们生活带来便利的同时也给社会治理带来了诸多新问题,随着风险社会的来临,社会治理、公共服务、公共决策等都面临着前所未有的压力和风险,社会治理的难度加大,迫切需要传统治理模式的现代化。能否有效运用科技,关乎基层社会治理法治化效能是否有效发挥;能否依靠技术攻关,有效应对信息化时代所面临的信息安全、个人隐私保护等挑战,直接影响人民对国家治理的体验感和满意度。"科技支撑"作为社会治理体系的重要组成部分,将成为社会治理法治化过程中解决信息化难题的金钥匙。它将增强治理法治化政策的预见性与前瞻性,增强治理法治化决策的科学化与精准性,增强治理法治化过程的互动性与民主性,增强治理法治化方式的协同性与共享性。它将为不断提升法治化、多元化、专业化的社会治理水平助力,从而将社会治理所带来的福利下沉到基层,真正实现坚持法治治理为了人民、法治治理成果由人民共享的目标,不断增强人民群众的获得感、幸福感和安全感。

一、增强治理法治化政策的预见性与前瞻性

长期以来,国家高度关注基层社会治理法治化工作,以构建法治为核心的基层治理落实治理保障和治理效能。但由于一些地区基层科技基础条件相对落后,供需结构上存在一定偏差,加之职能部

门划分产生的信息共享不及时或信息交流不畅等问题,使部分基层社会治理法治化工作存在两个盲点,即实践者口中"看得见的管不了"和"管得了的看不见"。这通常导致人民群众的诉求遭遇"诉而难办"甚至"诉而不办"的困境。为解决这种问题,较为现实的措施就是运用科学技术手段,瞄准治理盲点,提升服务质量。一方面,依靠科技观念的变革促进社会治理模式的变革,提高预测预警预防各类风险的能力,构建行之有效的预防机制,从而努力实现对各类风险从被动应对处置向主动预防转变,提高预测预警预防各类风险的能力。运用大数据、云计算、人工智能等科技手段,开展治安形势研判和风险隐患预警,完善"网格化+信息化"治理模式。完善预防化解社会矛盾和应急处置机制,实现矛盾纠纷排查化解常态化。另一方面,依靠科技手段的变革带动整个社会治理体系组织架构的变革。科技可以支持各基层职能部门掌握足够的数据、足够的计算能力,帮助职能部门预测问题、预测未来、判断未来,增强社会治理的预见性、前瞻性,从而解决因受部门职能划分和层级分级治理等因素制约而产生的实施中协调服务不力的问题,有效预防化解社会矛盾,推动群众诉求问题依法及时就地解决,从而在服务广大人民群众的基层社会治理中,实现工作前瞻或关口前移,避免事后处置带来的更多的新的社会问题。

二、增强治理法治化决策的科学性与精准性

面对我国社会问题的复杂性、多变性和突发性,各级政府要经受住时代变化和人民需求的考验,就需要依靠科技加快构建起智慧治理新格局,推进社会治理能力现代化建设。构建基层社会治理新格局,就要用好科技支撑,以"互联网+治理"打通政府之间、部门之间、政府与民众之间的壁垒,以提高社会治理智能化、科学化、

第七章 科技支撑是推进基层社会治理法治化的动力来源

精准化水平。2018年习近平总书记在视察广东时提出了"提高发展平衡性和协调性"的工作要求,强调"要全面推进法治建设,提高社会治理智能化、科学化、精准化水平",不仅为广东更为全国运用智能化、科学化手段提升社会治理法治化水平指明了方向,对全社会加强和创新社会治理、推动经济社会协调发展具有重要指导意义。社会治理智能化,就是充分运用大数据、云计算、物联网等现代信息技术,重构人与人及人与社会彼此关联的形态,使社会治理过程更优化、更高效、更智慧。社会治理科学化,就是按照社会治理的规律办事,遵循科学的理念、方法,增强社会治理专业性。社会治理精准化,就是要坚持问题导向,充分考虑不同区域、不同群体的特点和需求,有的放矢,有针对性地采取个性化、精细化的社会治理措施,实现精准服务、精准治理。智能化治理需要科创理念的引领和科创手段的运用,科学化治理需要科技型人才投入与科创型管理,精准化治理需要大数据与科创服务、管理的深度融合、无缝衔接。三者在科技支撑下有机结合,是国家治理体系和治理能力现代化的必然要求。通过"互联网+治理"的应用,构建"治理一张网"的新格局。运用互联网技术,实现党建、综治、便民服务、公众参与等信息及时共享、一网通办。以网格化管理为载体,打通信息采集、事件处置、大数据研判等基层工作环节,通过治理数字化转型为基层治理赋能,可以提升基层社会治理的有效性。

要在促进大数据与社会治理深度融合中提升社会治理智能化水平。充分运用现代科技改进社会治理手段,牢固树立大数据思维、"互联网+"思维,依托互联网、物联网、大数据等信息技术,搭建多元社会治理和公共服务平台,实施精准扶贫、精准交通、精准医疗、精准教育、精准养老、精准化解社会矛盾、精准打击违法犯罪等精细化服务管理。各级政府应在深化信息公开的基础上，加强数据信息系统建设。科技支撑的智能化治理可以推动基层社会治理的决策科学化。依托先进的科学技术可以建立健全大数据辅助决策机制，实现基层社会治理决策的前瞻性，把社情、警情、案情、舆情等数据全面汇聚起来，及时研判基层社会稳定态势，超前谋划应对之策，推动基层社会治理决策从依靠经验决策向依靠大数据决策转变。

习近平总书记强调，"要着力推进社会治理系统化、科学化、智能化、法治化，深化对社会运行规律和治理规律的认识，善于运用先进的理念、科学的态度、专业的方法、精细的标准提升社会治理效能，增强社会治理整体性和协同性，提高预测预警预防各类风险能力，增强社会治理预见性、准确性、高效性"。大数据具有很强的关联分析和预测功能，可以充分挖掘纷繁复杂的数据背后蕴藏的客观规律，全天候、全方位感知社会运行态势，从而实现更全面的互联互通、更深入的社会感知、更准确的信息反馈和舆情应对，为提高社会治理精细化水平提供科技支撑。比如，利用大数据技术，能够实现海量数据的快速收集和挖掘、及时研判和共享，为社会治理主体准确预判和科学决策提供数据参考，从而更加有效地制定针对不同人群的激励和约束机制，根据不同人群的特点和利益诉求提供精准服务，达到精细化推进社会治理的目的。

三、增强治理法治化过程的互动性与民主性

新一代信息技术将助力多元主体有效互动的实现。充分发挥人工智能技术在增强社会互动、促进信息交流中的作用，有助于改变过去党、政府、社会组织、民众之间的信息不对称情况，从而激发社会组织、民众参与社会治理的积极性，让社会治理各主体更加及时、合理、有效地参与到社会治理中来。以区块链技术的运用为例，

第七章 科技支撑是推进基层社会治理法治化的动力来源

区块链技术在社会治理中的赋能作用将促使社会治理结构更加透明化、多元化和平等化。一方面,向社会赋能,网民、非正式组织、虚拟社群等多元化主体,更容易明白自身在社会治理中的责任,主动参与到政策议程和公共事务中来,而不仅是被动者、旁观者和接受者;另一方面,向政府赋能,政府决策和行为受到更多制约、监督的同时,政府的民情民意汇聚能力、社会风险预警能力、社会需求回应能力也会得到有效提升。此后逐步形成"相互共识、相互制约、透明化、安全化、诚信化"的"网络式自治共同体",其本质是社会主体自下而上的自治模式代替政府自上而下的社会管理模式,由此社会治理的智能化将得到进一步强化。

新一代信息技术将有助于推动社会治理民主化。基于大数据的信息捕捉的强大优势,政府能够及时掌握社情民意,使立法工作更加贴近实际需要。而且,这将有助于强化基层社会治理决策的互动性,方便群众及时了解决策信息、参与论证过程、凝聚思想共识,最大限度把社会矛盾化解在基层,解决在萌芽状态。改革开放四十多年来,我国在经济发展与市场监管方面取得显著成效,积累了丰富经验,但是社会治理相较社会建设还存在滞后性。作为更具复杂性和丰富性的治理活动,社会治理不仅包括单向的、以行政手段为主的政府管治,更多地还包括政府与社会形成的良性互动、协同共治,以及政府培育和提升社会组织与民众的参与水平,激发社会自主治理活力。科技支撑基层社会治理创新作为科技进步对社会和政府发挥技术赋权和技术赋能的结果,凭借对民情民意的系统把握、对社会风险的动态评估和对公众诉求的精准回应,将有效提高基层社会治理的决策科学性和治理民主性。基层社会治理的创新必须依托于科技支撑,体现智能化的效果。以互联网、大数据、云计算、人工智能为代表的现代信息科学技术,从本质上改变了社会信息的传输方式,使信息传播从单向向多向交互转变,在一定程度上消除了信息垄断和信息隔阂,推动了权力主体的多元化和权力层级的扁平化发展,这些特点无疑有助于为基层社会治理创新和提质增效提供有力支撑。事实上,伴随着大数据时代治理环境复杂化、治理诉求多元化和治理场景网络化,基于大数据构建多主体协同、信息均衡、数据驱动的科技支撑型社会治理体系日益成为社会治理创新的发展趋势。构建基层社会治理新格局,要让基层创新的活力竞相迸发,推动形成民主协商格局。

四、增强治理法治化方式的协同性与共享性

"构建全民共建共享的社会治理格局"是党的十八届五中全会在全面深化改革背景下提出的一项重要战略任务,也是实现中国治理体系与治理能力现代化的目标要求。作为当前中国社会治理领域一次全面系统的结构化调整,全民共建共享社会治理格局的形成需要社会参与的"全面性"、治理主体的"共建性"、治理体系的"协同性"及治理成果的"共享性",而要构建起全民共建共享的社会治理格局,依靠传统的治理方式、治理理念和治理模式是难以实现的,这就需要以系统建构的整体思维、精准严密的科学架构、科学完备的制度保障和先进专业的技术支撑,实现从理念、体系、制度、技术等多维度协同推进,架构政府、市场与社会三大治理主体协同共建的体系框架,构筑起社会管理、社会服务、社会决策、社会监督、社会预警等多流程共享协同治理格局。

在这一协同共享治理格局中,科技起到了纽带和桥梁的作用,每一个流程都无法缺少科技的参与和科学技术先进作用的发挥。以互联网构建的电子政务平台为例,其广泛性、便捷性、多向传播等

第七章 科技支撑是推进基层社会治理法治化的动力来源

特点,使之成为凝聚社会共识的有效平台。通过这一平台,不仅可以实现信息的共享,还能助力凝聚社会共识,助力构建人人有责、人人尽责、人人享有的社会治理共同体。电子政务平台能够大大提升社会治理主体之间互动的速度和频度,使不同领域的社会治理主体方便快捷地进行交流协商,有利于社会共识的快速形成与不断增进。具体来说,搭建和有效运用电子政务平台,可以进一步拓宽各级党委和政府问政于民、问需于民、问计于民的渠道,加强各级党委和政府与社会各方的交流互动,进一步凝聚社会共识;可以快速发现社会治理中存在的突出问题,将其反馈给相关部门,并及时向公众传递相关部门的处理意见,最大限度消除部门间推诿和拖延现象,进一步提高政府管理社会事务的效率和对社会风险的管控能力,形成多种主体共同参与社会治理的良好机制。实践表明,基于互联网构建的电子政务平台在推进社会主义协商民主、凝聚社会共识,建设人人有责、人人尽责、人人享有的社会治理共同体方面具有显著成效。当然,这需要全国上下一盘棋,正如习近平总书记所指出的:"凝聚共识工作不容易做,大家要共同努力。为了实现我们的目标,网上网下要形成同心圆。"

第二节　科技创新助推基层治理法治化的苏州实践探索

苏州作为经济总量大、市场主体多、开放程度高的新一线城市，在科技驱动社会治理创新方面也进行了诸多探索，社会治理法治化工作处于社会治理前沿，以建设更高水平的"平安苏州"为建设目标，苏州不断在创新提高社会治理社会化、法治化、智能化、专业化水平上下功夫。"近年来，苏州把大数据应用作为全市社会治理创新的最大亮点，在'融、通、用'上求突破、求实效。建立社会治理数据汇聚体系，推动信息系统互联互通，实现政法综治专业数据、政府部门管理数据、公共服务机构业务数据、互联网数据的集成一网应用。按照计划，苏州未来将充分运用互联网、大数据、云计算、人工智能等现代科技手段，推进人口基础信息库、互联网+可信身份认证平台、公共安全视频共享平台、动态人像卡口系统等项目建设，构建'大格局'、汇聚'大数据'、开展'大建模'、推动'大应用'，提高道路交通、公共安全、城市治理等方面能力，提升治安防控科技化、智能化水平。"[1] 苏州积极推进市域社会治理现代化的生动实践，不仅为全市经济社会高质量发展保驾护航，也以科技创新助推基层治理法治化的苏州作为为国家基层治理提供了苏州智慧和苏州方案。

---

[1] 盛峥，高子媛. 苏州实施社会治理创新三年行动计划 浇筑高质量发展"安全基石"[EB/OL].（2018-03-23）[2021-02-07].http://jsnews.jschina.com.cn/hxms/201803/t20180323_1474975.shtml.

第七章　科技支撑是推进基层社会治理法治化的动力来源

一、融合科技手段打造智能化治理平台

党的十九届四中全会部署了构建政府治理体系的重点任务。推进社会治理现代化，夯实基层治理效能，需要系统治理、依法治理、综合治理、源头治理等多项治理的协同推进，而每一项治理都离不开科技的支撑，在新一轮科技革命和产业变革加速推进的形势下，政府治理正在经历一场新的变革，政府治理与社会发展及其需求相互促进、互相衔接，政府治理必然要求与科技创新发展相适应。需要围绕发挥科技支撑作用进行系统化设计，推动地方政府治理方式的整体性变革，在有效范围内发挥科技作用，因地制宜不断推动科技手段的应用。推进地方政府治理的变革，优化政府服务、创新服务方式、增强治理效能、提升治理能力都需要发挥好科技的支撑作用。当前，以数字技术为代表的技术革命推动我国社会治理重大转型，社会治理体系面临数字技术的重构。大数据正加速一切社会关系的足迹集合，并通过拓展平台功能、优化服务体验、创新应用模式，逐步解决社会治理过程中的信息不对称、行动反应迟缓、治理效能低下等问题。相比以往，未来社会治理更加强调民主协商、法治保障和科技支撑，尤其在社会治理体系的主体构建、治理工具、运作机制等方面具有许多新特点。

创新社会治理，离不开科技智能平台的支撑。与以往政府主导型社会治理模式相区别，近年来苏州市紧抓新一轮科技革命和产业变革的发展机遇，适应多元主体参与、主体责任明晰的社会治理发展趋势，依靠科技支撑实现对传统治理模式的变革，积极推进构建物联网覆盖城市管理的大工程，融合科技手段打造智能化治理平台，构建"智慧苏州"的整体城市框架。在"智慧苏州"的建设过程中，全程贯穿智慧城市管理理念，并以"智慧城管"建设为抓手，以"美

183

丽苏州全民共管，城管大数据信息惠民"为目标，运用科技手段不断做强做优集服务、监督和管理为一体的综合化治理平台，从而在治理广度上，在强化城市管理全域性的基础上扩大城市管理可视、可控范围；在治理精度上提高城市精细化、智能化、信息化管理水平；在治理力度上全面拓展业务应用，增强平台服务、监管水平和能力，打造互动参与、诉求表达、便民服务、宣传引导、互联网+政务为一体的公共服务应用平台"苏州微城管"，建立触手可及、惠及全民、功能恰当的新型城市管理公共服务应用，为市民提供全面、统一、便捷、主动、精准的城市管理公共服务。

2020年3月，苏州市委网络安全和信息化委员会第二次会议召开，与会人员深入学习贯彻习近平总书记关于网络强国的重要思想，全面落实省委网信委会议精神，强调要把握治网之道，加快网络综合治理体系建设，从推进国家治理体系和治理能力现代化的战略高度切实提高管网治网水平，苏州正加快智慧城市、智慧政务建设，增强重点民生领域互联网应用，积极构建"大网信"格局，正如时任苏州市委书记的蓝绍敏所强调：「要用好网络之力，为激情燃烧、干事创业的'火红年代'赋能。」智能化治理平台将为建设"强富美高"的苏州提供支撑。

二、融合科技手段夯实基层治理效能

自20世纪90年代以互联网为代表的新一代信息技术革命发端以来，科学技术发展飞快，短短几十年内，在人工智能、物联网、大数据、云计算、移动互联、区块链等一大批新技术的创新驱动下，经济社会发展向网络化、数字化、智能化转变。人们的生产生活方式也较之以往发生很大变化，网络使用普及化、信息来源多元化、

第七章　科技支撑是推进基层社会治理法治化的动力来源

信息传播快速化、个性需求多样化等生产生活新的特点，使人们对智能化社会服务的要求越来越强烈，经济社会发展方式的转变对国家治理模式和地方政府治理效能提出新要求，基层行政管理部门依靠传统的治理方式难以有效履行推动经济社会发展、管理社会事务、服务人民群众等综合多项治理职能，这意味着政府治理也要顺应科技进步和社会发展趋势进入治理变革新阶段。地方政府治理也从初期的信息化和信息技术的简单应用，向当前在新一代信息技术大规模集成应用下进行更深程度、更大规模变革转变，地方政府治理需要依靠科技革命带来的技术手段提高治理的科技创新水平，提升治理广度和深度，实现政府职能和角色、组织形态、结构功能及运行方式的革新，推动治理现代化。

近年来，苏州紧抓改革机遇，勇于探索革新，充分发挥科技在推动治理现代化过程中的支撑作用，运用新的技术和手段丰富治理内容，提升治理效能，通过打造综合治理网络体系，建立更快捷便利的交流渠道，以提高治理效能为导向，建立起以服务民众为中心，灵活、高效、透明的治理模式。推进政府治理变革，优化政府服务，创新服务方式，增强治理效能，提升治理能力。围绕打造"简约便民、阳光高效"基层政府目标，苏州市探索形成了"加强党的全面领导、便民服务一窗口、综合执法一队伍、镇村治理一张网、指挥调度一中心"的"1+4"

链接

围绕打造"简约便民、阳光高效"基层政府目标，苏州市探索形成了"加强党的全面领导、便民服务一窗口、综合执法一队伍、镇村治理一张网、指挥调度一中心"的"1+4"改革经验。目前，苏州积极对照全国市域社会治理现代化试点工作指引，完善各项基层改革工作。下一步，苏州将进一步完善基层治理工作，争取形成一套可复制可推广的苏州模式。

——《网格员走出办公室"巡逻"解难题》，《看点快报》，2019年12月15日，略有改动改革经验。[1]第一，打造综合性网络结构。苏州市以社会治理联动中心为中枢，构建了市（区）、镇（街道）两级指挥为骨架的治理运行架构和责任体制，依托一个平台管流程、一张网格管治理、一个号码管服务、一支队伍管执法、一套制度管运行、一个办法管考评的"六个一"工作体系，社会治理社会化、法治化、智能化、专业化水平全面升级。苏州市已建成1.2万余个网格，实现351项外部职能服务上门，正着力打造便民高效的基层治理格局。吴江区将综合治理、城市管理、安全生产、劳动监察、民生服务等部门的管理网格横向整合为1个综合网格，划分为56个基础网格和13个专业网格。第二，351项外部职能服务上门。以唯亭街道为例，2019年年初，街道开始筹建"智慧唯亭"系统平台，以数据化为基础、网格化为支撑，实现综合化治理服务。该平台整合了数字城管系统、12345系统、综合治理系统等多元平台，打通了网络留言、领导信箱、舆情反馈等沟通渠道。街道承担的职能分为内部和外部，351项外部职能按照"巡查走访、处置服务、监督指导"进行区分，对应"事前、事中、事后"三段细化分解，形成网格事件清单、责任主体清单、监督指导清单"三项清单"，并将清单事项下沉到网格，分别由网格员、处置单位、监督人员履行相应的职责。居民只需等待网格员上门，便可完成相应业务。唯亭街道还搭建了"都亭好"微信小程序，居民可以通过小程序查阅文明实践信息，报名参加街道组织的活动，通过"随手拍"功能上报发现的各类问题。这些问题，都会汇集到"智慧唯亭"系统平台。在"智慧唯亭"平台上，管理者还可以通过3D

---

[1] 苏州探索完善基层社会治理"1+4"改革经验；建成1.2万余个网格，打造便民高效基层政府 网格员走出办公室"巡逻"解难题[EB/OL].（2019-12-15）[2021-01-31］. http://www.yybnet.net/chizhou/shitai/201912/10008096.html.

第七章 科技支撑是推进基层社会治理法治化的动力来源

地图看到每套房屋是否有网格员走访过,查阅走访记录。唯亭街道党工委领导表示,通过"智慧唯亭"平台,街道日均产生工单1500余条,超过八成工单当日处办完成,街道社会治理效能有所提升。此外,唯亭街道分两批提出了23项与38项改革任务,推出了"网格扎根计划""区域党工委民生服务项目""外来人口融入计划""文化唯亭""信用唯亭"等困点、难点项目,并将之纷纷加以落地落实推进,促进社会治理现代化改革不断向深推进。第三,打通为民服务最后100米。吴江区持续完善审批服务一平台,规范运行政务服务一张网,打造柔性化便民服务中心。赋予镇政府的行政审批和公共服务事项,全部交由镇行政审批局代表镇政府统一受理办结,实现"一门""一窗""一次"办理,并对照审批下放权力清单,精简办事流程,缩短审批时长。将医保、社保、经济、计生、民政、残联、退役军人等服务事项统一为综合业务窗口受理。加快融入长三角一体化示范区建设,实现长三角一体化一网通办,设立长三角一网通办专窗。镇行政审批局探索试行弹性制工作方式。

以吴中区为例,引进国内领先智能机器人,已上线运行,通过科技手段的运用融合社会治理道路的探索,吴中区社会治理已进入AI新时代。吴中区已建立起社会综合治理联动中心12345热线,自2020年1月13日起,吴中市民拨打吴中12345热线,就会有智能机器人"吴小U"全程接待。此前,吴中区苏州市非警务类移车诉求的受理量一直居高不下,但仍不能满足日益增加的业务量需求。为此,吴中联动中心创新探索,积极打造政务服务"店小二",通过与亚太地区知名的智能语音和人工智能上市企业科大讯飞合作开发推出热线智能机器人"吴小U",为吴中区当好高质量发展"优等生"贡献联动力量。在自助移车服务功能上,"吴小U"可通过科大讯飞国际领先的智能语音识别技术,针对有效车牌智能识别,智能引导移车成功率达75%。实现无障碍口语化的人机交互沟通,100%移车场景全覆盖,人工替代率超过60%。这两项指标,目前在国内同类应用中处于领先水平。"吴小U"还会自动发起评价回访,评价信息自动记录并通过系统反馈,专人后续跟踪处理。这项"智能回访"功能,大大降低人工回访的工作量。据测算,语音机器人"吴小U"的"入职"可减少话务移车人员三分之二的人力,3秒即可外呼,且无呼入呼出线路数量的限制,市民无须长时间排队即可高效接通。与传统热线相比,机器人具有快速识别用户需求、提供最优质的答复、缩短通话时长、提升服务质量和效率等优点。吴中区社会综合治理联动中心副主任吴彬介绍,待语音机器人移车业务成熟后,再逐步推广至全业务范围。后期还将根据12345热线业务开发智能"在线答复、回复回访、工单质检、业务培训"等功能,让大量的人力集中精力抓主业,保障多来源、多渠道的市民诉求得到有效解决,特别是在解决社会治理热点难点、突发问题,在化解人民群众深层矛盾上充分运用网格化联动机制的特色优势,投入更多精力、提升处置效能,实现12345热线的全面升级。[1]

三、融合科技手段完善基层治理流程

法治框架下多元主体的广泛参与是推动构建共建共治共享的新型基层治理体系的关键。科技手段的应用能够为多元主体有序参与治理提供重要的渠道,不仅可以增强基层治理面向社会成员的公开化、透明化,从而有效提升政府治理的扁平化水平,而且通过依靠科技支撑实现治理方式由粗放型向集约型转化,使公民和社会组织

---

[1] 12345热线智能机器人来了!苏州吴中社会治理进入AI新时代[EB/OL].(2020-01-14)[2021-01-14]. http://www.51callcenter.com/newsinfo/146/3582454.

第七章 科技支撑是推进基层社会治理法治化的动力来源

参与社会治理流程由繁易简,增强公民参与治理的互动性体验,提高多元主体参与的积极性和有效度,对于提升公共服务质量、维护社会秩序稳定等表现出显著的促进作用。

苏州在探索推进公民有效参与基层治理的具体实践中,融合科技手段完善基层治理实践的流程,做好基层自治引导与治理体系功能发挥的有效衔接,使公民和社会表达意见、参与治理的渠道更为畅通,实现基层治理由单向管控向多向协同互动治理的治理模式转变,不断满足多元社会参与主体的差异化需求,真正实现多元参与主体在公共事务管理中的平等协商和互助协作。同时,以实现政府职能转变和基层治理创新双赢为导向,将建设现代化治理体系建构于法治化治理基础之上,依照相关法律法规、地方规章制度和基层自治公约,坚持依法行政,提升行政行为的综合效应,促进多元主体有序参与政府治理过程明晰化,避免因过渡行政化挤压自治空间所造成的多主体有序参与社会治理政策失灵,让基层治理更具透明度、公正性、民主化。

以苏州市相城区为例,以"精细管理、精准服务、提升群众满意度与获得感"为目标,相城区开展了科技支撑基层治理的法治化的实践探索。相城区在原有市民服务平台基础上,整合"寒山闻钟""12345热线""968895热线"等服务渠道,搭建覆盖全区各乡镇、街道的阳光便民服务平台,并对接三级网格化管理服务机制,针对城乡居民关心的公共服务需求、社会治理问题、投诉举报建议等,形成有响应、有举措、有互动、有反馈和有监督的公民参与实践平台。[1]通过这一系列基层治理实践,提升多元有序参与政府治

---

[1] 郑建君.推动公民参与基层治理:公共服务提升与社会秩序维护——基于苏州市相城区的调研分析[J].甘肃社会科学,2017(2):44-45.

理的实效性。

四、融合科技手段提供多元便捷服务

当前,基层社会结构和需求发生改变。苏州市通过利用科技手段让治理活起来,建设"党建+治理"工作模式和"互联网社会基层治理"智慧化体系,打造智慧苏州,从而实现行政效应、法治效应和社会效应的有效衔接。以"群众办事不出街""群众办事不求人"为目标,积极回应民生诉求,为苏州市民提供民主化、人性化的公共服务和便民服务。实施"多网合一",即将基层党建网格、综治维稳网格、社会保障网格、城管执法网格、安全生产网格等专业网格融合为"一张网"。构建起街道行政管理、公共服务与多方共治有效衔接和良性互动的新格局,为实现基层社会治理体系和治理能力现代化奠定坚实基础。充分利用模块数据技术手段,向科技要效能、要人力、要质量,全面提升基层社会治理法治化、科学化、精细化水平和组织化程度。苏州市还构建起市公安局大数据指挥中心,开展苏州公安"六星科技·纵横警务"建设及城市盾牌、智慧交通"5A计划"等多个智慧治理项目建设,运用大数据手段,多网融合,努力做好信息掌握一户不漏、沟通服务全覆盖,不断提高社会治理体系和治理能力现代化水平。

苏州不同市区也结合本区域治理特点和优势,运用科技手段推动治理现代化建设,创新升级地方治理体系,为市民提供多元便捷服务,增强市民对基层治理创新的满意度和获得感。如苏州太仓市建立了由停车共享平台、智能收费管理系统和停车诱导系统三大功能模块构成的"太仓智慧停车"便民系统,为了有效解决停车难的现实问题,太仓市出台了《太仓市政府关于推进实施"停车便利化工程"的意见》,并以停车泊位建设、管理为抓手,从过去着力解

第七章 科技支撑是推进基层社会治理法治化的动力来源

决停车难、停车乱问题,逐步向停车便利化目标迈进,大力实施"停车便利化工程"。通过建设智慧停车信息服务平台,设置道闸、车辆自动识别系统、收费系统等硬件,苏州太仓市"智慧停车"项目一共完成21个共享点位1227个停车位,其中共享开放720个停车位,开放比例约为58.7%。除了停车共享平台的不断优化,"智慧停车"项目中停车诱导系统也在不断丰富,并在运行一段时间后通过系统的整改和优化,实现该系统和太仓公安人口信息库的对接,市民只需输入名字和身份证即可注册,一个账号可同时绑定3辆机动车信息。得益于此,原先只有车主为太仓户籍的本地车辆才能注册使用"太仓智慧停车"App,现在只要在太仓公安人口信息库有相关资料,如暂住证等信息,非太仓籍人员也可以注册并使用。目前,太仓市正在对全市停车资源进行摸底调研,今后全市公共收费停车场(点)和商业停车点都将纳入"太仓智慧停车"App。

苏州张家港市以深化医药卫生体制改革为统领,以"联通共享、精细管理、便民惠民"为目标,高点定位、精心设计,持续推进卫生信息化建设,构建了"五统一"的智慧医疗总体框架,实施了医疗健康云战略,率先建成县域健康信息平台,全市户籍人口基本实现"一人一档",电子健康档案惠及百万市民和20余万慢性病病人,医疗健康信息互联互通标准化成熟度率先通过国家五级乙等评测,居民电子健康档案在全省率先向公众开放,全民健康信息化水平得到全面提升。张家港市将以此次获奖为契机,进一步推进智慧医疗平台和全民健康信息平台建设,逐步实现由数字化向智能化转变,聚力创新,努力实现智慧医疗高等级,进而惠及更多百姓。

苏州吴中区作为江苏省首个智慧健康养老示范基地,依靠科技力量构建起集"医、养、康、护"于一体的养老服务机构,不仅激活了智慧健康养老的"中枢神经",运用"物联网+"思维,把各类养老资源整合为一张网,以"1+N"模式打造智慧养老云服务平台,数据从孤岛向共享转变,功能从管理向服务转变。同时释放了智慧健康养老的"溢出效应",通过智慧养老云服务平台推动居家养老上门服务申请、实施、评估、结算、监管等闭环运行,实行线上派单,用终端App和老年服务卡NFC功能监测服务时长和满意度,让服务内容"一表明晰",服务对象"一网覆盖",服务需求"一键解决",服务费用"一次生成",服务监管"一步到位"。

第七章　科技支撑是推进基层社会治理法治化的动力来源

第三节　科技创新助推苏州基层治理法治化的经验启示

纵观人类社会发展史，人类每一次科技革命都极大地促进了社会的转型、进步与发展，科学技术是人类社会创新创造的动力之源，也是人类社会进步发展的重要支撑。当前，我国社会治理呈现治理主体多元化、治理范畴广泛化和治理问题复杂化的多重特点，要实现社会治理的精准性、科学性和高效性，必须依靠科技，无论是基层治理的深化与升级还是国家战略规划和治理创新都离不开科技的支撑，要深入推进社会治理体系和治理能力现代化、全面建成社会主义现代化国家，构建科技创新驱动的智能化治理格局势在必行。

一、加强高质量科技立法提供法律保障

重视科学技术在国家发展中的重要作用是中国共产党的优良传统，1949 年 9 月，在全国政协一次会议期间，毛泽东就曾在会见科技界代表时强调知识分子对国家建设的重要性。1956 年中共中央召开全国知识分子问题会议时，党中央发出了"向科学进军"的伟大号召。1978 年，邓小平在全国科学大会上旗帜鲜明地指出"科学技术是第一生产力"的论断，对当代中国科学技术事业发展产生了重要影响。1995 年，江泽民在全国科学技术大会上提出实施"科教兴国"的战略。党的十六大以来，以胡锦涛同志为总书记的党中央适应中国发展要求，提出了科学发展观这一重大战略思想。正是党始终如一对科学技术高度重视，逐步探索出适合中国国情的发展科学技术的战略思想，推动着社会主义现代化建设不断前进。党的十八以来，

以习近平同志为核心的党中央高度重视科技在国家治理中的重要作用，2013年党的十八届三中全会做出的《中共中央关于全面深化改革若干重大问题的决定》，为我国基层社会治理法治化指明了方向。党的十九大报告进一步就创新社会治理问题做出强调，党的十九届四中全会更是以推进国家治理体系和治理能力现代化为主题，强调加强和创新社会治理，完善党委领导、政府负责、民主协商、社会协同、公众参与、法治保障、科技支撑的社会治理体系，面对新时代的新使命新任务，更要给予科技支撑社会治理的重要思想以坚强的制度保障，用科学立法的形式推动智能化社会治理的纵深发展，用高质量科学立法提升治理国家效能。

党的十九届四中全会对完善科技创新体制机制进行明确要求和详细阐释，提出要健全符合科研规律的科技管理体制和政策体系，改进科技评价体系，健全科技伦理治理体制，这为加强高质量科学立法、提升国家治理效能指明了方向。健全科技伦理治理体制，就要加强科学领域的科学立法、民主立法、依法立法，建立起明确的法律规范体系。而要实现科学立法，则必须实现坚持党的集中领导、完善科技立法理念、创新工作方法的有机统一。其一，坚持党的领导，在党中央集中统一领导下推进科技领域立法，确保法律符合宪法精神、体现党的主张、反映人民意志，只有这样才能推进科技立法工作具有权威性、科学性和民主性，从而保证科技法律在实施中具有实效性。其二，增强科技立法理念是有效解决当前科技治理中存在的思想落后、观念过时、意识淡薄等问题的必要之举。要突出科技创新支撑社会治理的战略价值，增强各领域各群体对科技立法的价值认同。要坚持依法立法理念，在立法全过程和各环节中严格按照宪法及相关法律的规定，进一步明确立法权边界。其三，创新

第七章 科技支撑是推进基层社会治理法治化的动力来源

工作方法是确保科学立法顺利实施的有效途径。要坚持为人民根本利益立法、体现人民共同意志的价值导向,在实践中不断探索公众参与立法形式,拓宽公民有序参与立法途径,完善公众意见采纳情况反馈机制,广泛凝聚社会共识,确保科技立法工作顺应民意、合乎规律、符合国情。高质量科技立法有助于推动系统完备、科学规范、运行高效的科技管理体制和政策体系的构建,是科技助推社会治理的重要保障。

二、结合地方特色因地制宜实施

坚持实事求是的思想路线是中国共产党人的一贯作风。习近平总书记强调,"实事求是,是马克思主义的根本观点,是中国共产党人认识世界、改造世界的根本要求,是我们党的基本思想方法、工作方法、领导方法。不论过去、现在和将来,我们都要坚持一切从实际出发,理论联系实际,在实践中检验真理和发展真理。""坚持实事求是,就要不断推进实践基础上的理论创新。"[1] 基层

> 实事求是,是马克思主义的根本观点,是中国共产党人认识世界、改造世界的根本要求,是我们党的基本思想方法、工作方法、领导方法。不论过去、现在和将来,我们都要坚持一切从实际出发,理论联系实际,在实践中检验真理和发展真理。
>
> ——2013 年 12 月 26 日,习近平在纪念毛泽东同志诞辰 120 周年座谈会上的讲话

---

[1] 习近平.习近平在纪念毛泽东同志诞辰 120 周年座谈会上的讲话[EB/OL].(2013-12-27)[2021-01-02]. http://politics.people.com.cn/n/2013/1227/clo24-23953939.html.

治理作为国家治理体系链条的重要一环，其效用的发挥直接影响着地方治理与国家治理效能的体现，因此，要推动国家治理体系与治理能力现代化，就要正确处理国家治理、地方治理与基层治理的关系问题，处理好统筹协调与特色发展的关系问题，在基层治理中既要注重与国家治理、地方治理宗旨、原则的一致性，又要充分保障地方特色优势的发挥，这是科学治理必然要坚持的治理辩证法。要在健全制度体系基础上，将科技支撑与地方特色有机结合，挖掘特色资源，发挥地方优势，提升治理效能，探索适宜性强的治理模式和治理体系，走出具有地方特色的治理现代化道路。

地方特色的治理现代化道路，需要将政府治理职能转型和地方经济发展紧密结合起来，促进地方公共服务精细化发展，提升地方治理的质量和水平。随着经济社会发展和人民生活水平提升，民众对政府的期望和对政府提供公共服务的质量要求越来越高。面对多样化的服务需求和复杂化的治理问题，一方面，要加强公共服务与信息技术的融合，依靠信息技术手段提供和改进公共服务，根据地方企业团体、社会组织等的发展需求，有针对性地提供精准、快速、高效的公共服务，提高人民群众的满意度和获得感，提高公共服务的质量和水平。另一方面，要充分利用地方企业团体、社会组织的资源优势，开展共治共建的合作与交流，运用新一代信息技术开发更具时代性、更具民主性、更显人性化的创新服务产品和综合服务平台，通过大数据应用实现精准分析、精准预判、精准施政，在合作交流中既能实现对一些企业发展的帮扶与支持，也能实现地方特色治理的转型升级，实现区域经济发展与治理效能提升的双赢。

三、多区域协同创新形成共享治理合力

对于基层治理而言，当前要推动国家治理体系与治理能力的

第七章　科技支撑是推进基层社会治理法治化的动力来源

现代化,必然要推动区域治理体系与治理能力现代化。自改革开放以来,我国十分注重区域协调发展中的地方治理问题。1979年,国务院提出"扬长避短、发挥优势、保护竞争、促进联合"的方针,为指导我国区域格局构成奠定了政策基础。此后又相继出台了1986年的《国务院关于进一步推动横向经济联合若干问题的规定》,1999年的《关于进一步推进经济技术协作工作的若干意见》,以及2015年的《国家发展改革委关于进一步加强区域合作工作的指导意见》,都凸显了国家对区域协调发展中的区域协同治理问题的政策导向。党的十八大以来,区域协调发展的重要性愈加凸显,京津冀协同发展、长江经济带、粤港澳大湾区和长三角一体化等区域协调发展先后被上升为新时期国家发展的重要战略。2018年11月,《中共中央国务院关于建立更加有效的区域协调发展新机制的意见》(以下简称《意见》)的通过标志着党和国家对区域协同发展的战略价值认识的进一步深化。《意见》明确指出:"到本世纪中叶,建立与全面建成社会主义现代化强国相适应的区域协调发展新机制,区域协调发展新机制在完善区域治理体系、提升区域治理能力、实现全体人民共同富裕等方面更加有效,为把我国建成社会主义现代化强国提供有力保障。"[1]作为新时代中国构建区域协调发展格局的纲领性文件,《意见》为我国新时代区域协调发展指明了方向。

推动基层治理法治化的创新发展,要不断结合地方特色和区域特色,创新治理机制,创优治理方法,探索高效、协同、创新型治理体系,通过大数据、区块链等技术的开发与灵活应用,构建起区

---

[1] 锁利铭.区域治理体系与治理能力现代化的重大时代意义[J].国家治理,2019(1):9.

域间合作共享治理体系，数据信息量的增加将有利于大数据分析的精准度，从而利于推动精细化政府治理，通过海量信息支撑下的实时监测、动态分析、精准预警，有效提升公共服务的精细化和精准度。构建协同治理新型信任机制，利用区块链技术所具有的分布存储、加密可信等优点，破除多元主体之间的信任障碍，打破地方的信息壁垒。同时利用数据共享模式，有效利用区域之间的资源共享，实现政务数据跨部门、跨区域共同维护和利用。促进区域间便民服务的协同配合，为人们提供精简快捷的政务服务，提升人们对智能化协同治理的体验感和满意度。通过区域协同创新形成共享治理合力，将有利于实现利用科技谋发展的效益最大化，切实提升治理能力与治理效能。

四、加强科技创新人才队伍建设

依靠科技开展法治化治理，离不开科技人才的支撑。科技人才作为参与科技治理的重要成员，在参与科技治理中承担着科学技术路线谋划、科技治理运行维护和基层科技业务操作等关键性任务。是否能培养一支思想政治素质好、业务工作能力强、职业道德水准高的法治治理科技人才，直接关系着科技治理的方向定位是否准备、功能设计是否合理、实际运行是否顺畅等系列问题。以网格化治理中的网格员为例，随着智慧城市系统的发展，网格员的岗位越来越具有复合性，他们身兼数职，地位越来越重要。当网格员的地位变得特殊之后，就会带来一种权力。由于网格员不是公务员，而且流动性很大，这种权力很容易被滥用。网格员会深入了解每个家庭和居民的私生活，掌握很多私人信息和公司安全信息。这或许会给网格内居民和机构带来一些不安全因素，也会加大对网格员管理的难度。因此，在探索社会治理现代化的进程中，科技创新人才队伍建

第七章　科技支撑是推进基层社会治理法治化的动力来源

设不容忽视。从社会工作和社会服务发展趋势上看,基层服务在未来会越来越信息化、智能化,借助于新的技术工具,网格服务也越来越智能化。因此,网格员队伍建设问题也要格外重视,选聘网格员的标准要充分综合考量学历、品行、责任心、服务能力和技能等多项条件。同时,我国法治化基层治理实践中还存在基层治理人员法治意识不强、法治思维薄弱等现象,在这种情况下的治理工作中难免出现与法治治理不相符的一些问题,形成深化法治治理进程中的梗阻,因此必须大力推进法治工作队伍建设,着力建设一支忠于党、忠于国家、忠于人民、忠于法律的社会主义法治工作者队伍。另外,还存在部分基层领导干部对于社会治理的技术创新问题不够重视的问题。没有实现应有领域的科技应用,导致工作中因治理低效而造成工作任务繁重、难以快速有效为人们提供公共服务等问题,不仅容易给身处一线的基层社会治理工作者带来不必要的业务负担,也容易诱发基层治理工作者的消极情绪,不利于基层治理工作中的优化升级。因此,着力提高基层领导干部的科技意识和治理创新觉悟也是科技治理工作的重要一环。培养高素质专业化社会治理人才,是推进构建社会服务和社会治理现代化、专业化的重要保证。

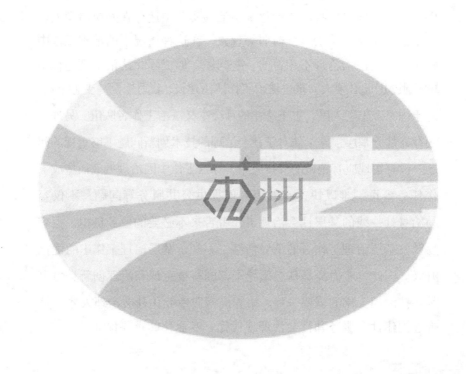

第八章

法治文明：基层社会治理法治化苏州样本的时代思考

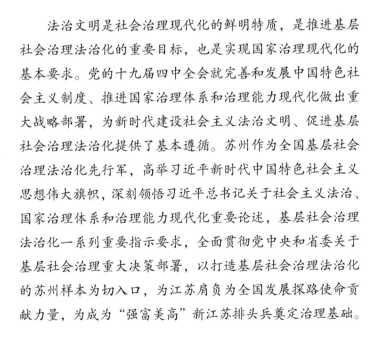

  法治文明是社会治理现代化的鲜明特质，是推进基层社会治理法治化的重要目标，也是实现国家治理现代化的基本要求。党的十九届四中全会就完善和发展中国特色社会主义制度、推进国家治理体系和治理能力现代化做出重大战略部署，为新时代建设社会主义法治文明、促进基层社会治理法治化提供了基本遵循。苏州作为全国基层社会治理法治化先行军，高举习近平新时代中国特色社会主义思想伟大旗帜，深刻领悟习近平总书记关于社会主义法治、国家治理体系和治理能力现代化重要论述，基层社会治理法治化一系列重要指示要求，全面贯彻党中央和省委关于基层社会治理重大决策部署，以打造基层社会治理法治化的苏州样本为切入口，为江苏肩负为全国发展探路使命贡献力量，为成为"强富美高"新江苏排头兵奠定治理基础。

"苏州样本"来之不易、意义深远,是新时代苏州探索基层社会治理法治化、建设社会主义法治文明经验的系统梳理和科学诠释,对各地由推进基层社会治理法治化到建设基层社会治理范本、由建成社会主义法治文明到发展社会主义整体文明都具有十分重要的启发和借鉴意义。

第八章　法治文明：基层社会治理法治化苏州样本的时代思考

第一节　坚持党的领导是法治文明建设的重要保证

中国共产党领导是中国特色社会主义最本质的特征和中国特色社会主义制度的最大优势，也是社会主义法治文明的本质特征和最大优势。社会主义法治文明建设不能脱离党的领导。社会主义法治文明建设全部历史和法治文明"苏州样本"经验证明，党的领导与法治文明紧密联系，党的领导坚强有力，法治文明建设进程就顺利推进；党的领导遭受曲折，法治文明建设进程就易停滞。推进新时代法治文明建设、促进基层社会治理法治化，最根本的就是要毫不动摇地坚持党的集中统一领导，全面、准确、有力贯彻党的领导各项要求，保持法治文明建设正确方向，加快建设政党文明，引领和推动社会主义法治文明。

一、坚持和贯彻党的领导是法治文明建设的基本准则

法治文明是人类社会文明的重要内容。和其他人类文明类型一样，法治文明并不会自发形成，必须在一定集团或组织的领导下才能有序推进、取得成果。中国共产党作为中国特色社会主义事业领导核心，是社会主义法治文明建设取得进展的根本保证。任何弱化党的领导、偏离党的领导、脱离党的领导等本质上否定党的领导的言行都会给对我国法治文明建设带来严重后果。把坚持和贯彻党的领导始终体现于法治文明建设之中，一方面，要增强坚持党的领导的思想认同，坚持马克思主义在社会主义法治文明建设领域的指导地位，旗帜鲜明地反对、有力批判批驳否定党的领导、反对党的领

导的歪理邪说,诸如怀疑和否定马克思主义法治思想,法治文明建设的历史虚无主义,以资产阶级法治学说代替社会主义法治理论指导我国法治文明建设的错误论调,等等,坚定社会主义法治文明建设理论自信。另一方面,要在实践上把党的领导贯穿到社会主义法治文明建设全过程。具体看,中国共产党既需要从宏观层面制定社会主义法治文明建设重大方针、做出重大决策,牢牢把握法治文明建设正确方向,科学制定法治文明建设顶层方案,又需要在中观层面领导建设理念、建设方式、建设制度、建设保障等法治文明建设全要素建设,还需要在微观层面加强对基层社会治理法治化领导,通过在社会治理领域建强各级党组织战斗堡垒,发挥党员先锋模范作用,领导基层社会治理重要工作,构建上中下贯通、各方面协同的党领导社会主义法治文明建设的科学体系,坚定社会主义法治文明建设道路自信和制度自信。

二、以法治政党文明引领和保障法治文明建设

政党与法治密不可分。虽然政党与法治并不是一个概念,但两者相互交织、互为影响、相辅相成。政党运行依靠法治,法治实现依托政党。一个政党只有厉行法治,才能保持强大的生机活力;法治只有得到政党践行特别是执政党践行,才能真正发挥效力。"政党法治属于政党文明范畴,是政党文明发展到一定历史阶段的当然要求和必然结果,同时也是政党政治的一种表现形式。"[1]政党文明需要法治文明保障,法治文明依靠政党文明推进。政党文明是每个政党孜孜以求的目标,中国共产党也不例外。从政党文明维度剖析,苏州率先出台的《关于建设法治型党组织的意见》是苏州建设

---

[1] 王韶兴,张垚.政党法治:一种新型的政党文明形态[J].文史哲,2005(1):142.

第八章 法治文明:基层社会治理法治化苏州样本的时代思考

政党文明的重大创新探索。建设法治型党组织是中国共产党坚持依法执政、依规治党并探索和实现政党治理法治化的一个缩影,建设法治型政党归根到底是要建成法治政党。"法治政党建设重点在于中国共产党的法治化领导和法治化执政"[1],法治政党是中国共产党依法执政、依宪执政、依法领导、依规领导的集中表达。法治政党文明标志着法治型党组织建设不仅实现了法治政党目标,而且还意味着法治型党组织建设已经跃升到文明状态,是政党理念文明、执政文明、治理文明、服务文明、制度文明等法治政党外在表现形态与内在运行机理的高度凝练的集中表达。法治政党文明是政党文明的重要组成部分,是政党文明引领法治文明的重要基础。因此,要以法治型党组织建设为抓手,科学谋划更高层级的法治型党组织建设,扎实推进全面从严治党、依规治党,合理确定法治政党建设路线图、时间表,加快建成法治型政党即法治政党,形成法治政党文明,最终以法治政党文明引领和保障法治文明建设。

---

[1] 姚建宗,王旭伟.法治政党若干重大问题初论[J].马克思主义与现实,2016(4):1.

第二节 人民立场是法治文明建设的根本立场

立场问题是法治文明建设首先碰到、无法回避、必须作答的重大问题。坚持何种立场不仅规定了法治文明建设的目的指向,而且对法治文明建设实践产生深远影响。我国是人民民主专政的社会主义国家,要建设的是社会主义法治文明而不是其他什么性质的法治文明。社会主义法治文明具有鲜明的人民性,坚持人民立场是社会主义法治文明建设的根本立场。以基层社会治理法治化为切口建设社会主义法治文明的"苏州样本"说明,只有始终树牢以人民为中心的建设思想,有力维护人民合法权益,人民立场才能落到法治文明建设实处,才能真正实现法治文明为人民的初衷。

一、以人民为中心是法治文明建设的价值遵循

为什么人的问题是衡量和判断法治文明的试金石?不同性质的法治文明在回答人这个关涉法治文明建设方向和结果的重大问题上有着根本区别。与西方资产阶级法治文明建设以少数大资产者为中心根本不同,我国法治文明建设具有鲜明的人民性,坚持以人民为中心既是我国法治文明建设的重要优势,也是我国法治文明建设的价值遵循。法治文明"苏州样本"证明,只有坚定不移贯彻以人民为中心的价值遵循,法治文明建设才能行稳致远。新时代各地区推进法治文明建设坚定不移地贯彻以人民为中心的发展思想,首先就是要以满足人民对美好法治社会的向往作为重要奋斗目标。新时代我国社会主要矛盾已经发生深刻转变,人民美好生活需要内

第八章 法治文明：基层社会治理法治化苏州样本的时代思考

涵更为丰富、品质逐渐提高。要把建设并建成法治社会作为实现人民美好生活需要的重要组成部分，用法治规范言行、引领社会风尚，促进人人遵法、全民守法，为美好生活提供可靠法治保障。其次要依靠人民建设法治文明。马克思主义唯物史观认为，人民群众是历史的主体，是推动社会发展进步的决定力量。人民是真正的英雄，法治文明建设归根到底是人民实践。依靠人民就是坚持群众观点、走群众路线，尊重人民首创精神，激发人民群众参与基层社会治理法治化、法治文明建设热情，广泛汲取蕴藏在人民群众中的法治文明建设磅礴伟力，旗帜鲜明地反对脱离人民、抛弃人民甚至否定人民等错误思想，充分保障法治文明建设进程中人民群众的评判权、话语权，真正把人民群众满意作为检验法治文明建设成效的最高标尺。

二、维护人民合法权益是法治文明建设的落脚点

人民立场不仅包含着丰富的思想内涵，更具有鲜明的实践要求。人民立场作为法治文明建设的根本立场不是抽象的而是具体的。贯彻人民立场归根到底就是要在实践中把维护人民合法权益作为法治文明建设的落脚点。一方面，要提升维护人民群众利益法治化水平，树牢依法维护人民合法权益的意识，加强涉及人民切实利益事项的完备的法律规范体系、高效的法治实施体系、严密的法治监督体系、有力的法治保障体系的整体性建设，加强有关体制机制的依法创新，畅通人民群众自主依法维护自身合法权益路径，确保以法治理念引领、法治手段推进、法治效果捍卫人民合法权益，提升维护效能。另一方面，要依法坚决惩治侵犯人民合法权益的行为。客观地讲，我国法治文明建设还存在着不足，侵犯人民群众合法权益的事件时有发生。特别是在基层社会治理中执法不规范、司法不公正依然存

在，行政机关慢作为、乱作为依然存在，黑恶势力、宗族恶势力对基层民主造成威胁，村（居）民合法民主权益受到侵蚀……这既尖锐指出问题症结表现，又明确了维护人民合法权益的突破口。当前，要以基层社会治理法治化为重要切入口，推动法治资源和法治力量下沉，解决依法惩治侵害人民合法权益"最后一公里"问题，构建维护人民合法权益的坚实基础。

第八章 法治文明：基层社会治理法治化苏州样本的时代思考

第三节 发挥地方人大作用是法治文明建设的关键所在

人民代表大会制度是我国的根本政治制度，是实现人民当家作主的基本政治形式。人民代表大会是国家权力机关，既是社会主义法治文明建设的重要推动者，也是发展社会主义法治文明的重要主体。地方人大是地方国家权力机关，在法治文明建设进程中肩负着重要使命。苏州各级人大及其常委会在社会主义法治文明建设过程中高度重视自身建设法治化，充分发挥地方人大在法治文明建设中的基础性作用，切实把人大作用贯穿到法治文明建设全程，彰显了地方人大应有的责任与担当。实践证明，地方人大在法治文明建设进程中地位独特、作用重大，要统筹推进地方人大治理法治化和地方人大依法履职，夯实法治文明建设的地方人大基础，提高增强法治文明建设效能。

一、地方人大治理法治化是法治文明建设的基本前提

推进基层社会治理法治化客观上存在着地方人大治理法治化问题。地方人大在地方政权结构中占据的特殊重要地位，决定了地方人大自身治理能否法治化将直接对基层社会治理法治化并最终对社会主义法治文明建设产生深远影响。苏州人大常委会以开展"法治先锋"品牌项目建设为契机，抓紧落实干部队伍法治化、办事决策法治化、组织建设法治化、基层治理法治化等任务，是苏州人大常

委会推进自身治理法治化的一个重要体现。全市各级人大及其常委会通过法治人大建设，全面提高了自身建设法治化水平，为法治文明建设奠定了坚实的地方人大基础。因此，在社会主义法治文明建设进程中，地方人大不能缺位、必须到位。当前，应进一步增强地方人大加快推进自身治理法治化的使命感、责任感、紧迫感，对标基层社会治理法治化、国家治理体系和治理能力现代化、社会主义法治文明对新时代人大工作提出的新要求，精准分析自身治理与社会主义法治文明建设不相适应的短板弱项，以习近平新时代中国特色社会主义思想为指导，认真贯彻习近平总书记关于人民代表大会制度重要论述精神，从地方人大治理法治化理念、地方人大治理法治化手段、地方人大治理法治化制度体制等方面入手，重视地方人大常委会建设，依法加强人大常委会专门委员会建设，以建设法治型人大机关党组为引领，全面推动、有效建成法治人大，促进地方人大治理法治化，增强法治文明建设的地方人大基础。

二、地方人大依法履职是增强法治文明效能的基本条件

地方人大作为地方国家权力机关应依照宪法和法律履行职责。地方人大能否依法履职不仅是对人大自身治理法治化的直接考验，而且也是完成地方人大法治文明建设重任的基本路径。苏州各级人大及其常委会严格依照宪法和《中华人民共和国地方各级人民代表大会和地方各级人民政府组织法》《中华人民共和国立法法》等法律规定的权力，依法行使立法权、决定权、监督权、任免权等权力，探索了地方人大依法履职促进法治文明建设的独特路径。在社会主义法治文明建设进程中，地方各级人大必须自觉把依法履职、提高履职效能作为促进地方人大治理法治化、增强法治文明建设效能的

第八章 法治文明：基层社会治理法治化苏州样本的时代思考

基础性工程，进一步创新地方人大执法检查思想理念、完善执法检查体制机制、丰富执法检查内容、增强执法检查权威，确保宪法、法律、行政法规和上级人民代表大会及其常务委员会决议在本行政区的基层治理中得到遵守和执行；依法讨论和决定关涉人民切身利益事项特别是事关基层社会治理法治化的政治、经济、教育、科学、文化、卫生、环境和资源保护、民政等工作的重大事项；省、自治区、直辖市的人民代表大会及其常务委员会应依法制定不同宪法、法律、行政法规相抵触的地方性法规，设区的市的人民代表大会及其常务委员会应根据本市的具体情况和实际需要，在不同宪法、法律、行政法规和本省、自治区的地方性法规相抵触的前提下依法制定地方性法规。享有立法权的地方人大及其常委会在立法过程中应贯彻民主立法、科学立法、依法立法基本要求，依法行使立法权；地方人大应依法行使人事任命权，依法听取和审查本级人民政府和人民法院、人民检察院、监察委员会的工作报告……总之，地方人大要依法履行职责，把政治优势、制度优势、法治优势等转化为提高法治文明建设效能的现实成果，进一步提升地方人大在法治文明建设中的显示度、影响力、贡献力。

第四节　构建基层社会治理共同体是法治文明建设的内在要求

党的十九届四中全会审议通过的《决定》明确提出，要完善党委领导、政府负责、民主协商、社会协同、公众参与、法治保障、科技支撑的社会治理体系，建设人人有责、人人尽责、人人享有的社会治理共同体。基层社会治理法治共同体是整个社会治理共同体的基础，多元共同体是基层社会治理的显著特征。要不断构建基层社会治理共同体，促进基层社会治理法治化，全面巩固和扩大法治文明建设成效。

一、构建法治共同体是建设基层社会治理共同体的基础

基层社会治理是若干治理要素在以人民为中心的治理思想指导下、在党的领导下相互配合、有机协同的共同体实践。根据党的十九届四中全会《决定》规定，我国社会治理体系是由党委领导、政府负责、民主协商、社会协同、公众参与、法治保障、科技支撑七个方面构成。法治是建设基层社会治理共同体的内在要求和应有之义，构建基层社会治理法治共同体是建设社会主义法治文明的基础性工程。以基层社会治理法治化为切口建设社会主义法治文明的"苏州样本"说明，只有建设强大的基层社会治理法治共同体，才能凝聚起广泛的法治合力，才能为法治文明建设奠定坚实基础。这实际上为其他地区建设基层社会治理法治共同体、加快法治文明建设提供了路径参考。从社会治理体系七大要素来看，这就要求推动

第八章 法治文明：基层社会治理法治化苏州样本的时代思考

各级党委认真贯彻党章和党内法规，严格依照宪法和法律依法领导、以规领导，促进党委领导法治化；推动法治政府建设，树牢"法无授权即禁止"理念，推动政府依法行政，使政府始终做到依法负责，杜绝慢作为、懒作为、乱作为；加快完善民主协商法规制度建设，促进民主协商程序、协商体制、协商机制和协商成果转化等法治化、制度化、规范化，保障民主协商始终行驶在法治轨道上；理顺社会主体参与基层社会治理的法律关系，制定相应主体参与社会治理法治规则程序等，实现社会治理多元性与法治性有机统一；加强对公众参与社会治理法律法规"废改立释"工作，用法治方式保障公众参与社会治理权；协同推进依法治理和以德治理，构建更加完善的法治保障体系，发挥法治在社会治理中的引领保障作用；发挥科技立法对科技支撑体系建设的引领保障作用，以法治方式规避科技支撑作用发挥时遇到的法治困境，有效发挥科技在基层社会治理法治化进程中的第一牵引力作用。当然，构建七大方面的法治共同体关键在发挥合力作用，实现强强联合、"1+1>2"的协同倍增效应。

二、构建多元共同体是建设基层社会治理共同体的必然要求

多元性是社会治理的基本特征，是构建社会治理共同体的内在要求。苏州基层社会治理法治化的成功实践表明，社会治理共同体是多元共同体的复合体，是各种共同体有机联系、能量互释的统一。除了法治共同体之外，能力共同体、文化共同体、责任共同体、利益共同体等主要共同体构成了基层社会治理共同体内核，对基层社会治理法治化、社会主义法治文明建设具有重要意义。就构建社会治理能力共同体而言，能力是多元治理主体成功推进基层治理法治

化、建设法治文明的本领。需要发展多种能力，包含政治能力、法治能力、执行能力等多要素；需要推动能力与时俱进，没有一成不变的能力，变革能力是推动能力共同体发展的重要条件；需要实现能力联合而非能力对抗，降低能力损耗，既要发展主体个体能力，也要扩大治理体系整体能力。就构建文化共同体而言，文化对治理主体的影响是潜移默化和深远持久的。需要发展多元文化，包括发展法治文化，坚定治理主体法治信仰、增强法治认同；发展自信文化，坚定走中国特色社会主义基层社会治理法治化道路，坚定社会主义基层社会治理法治化自信；发展民主文化，加快基层社会治理自治觉醒，鼓励和支持基层社会治理的民主决策、民主治理等。就构建责任共同体而言，要明晰多元主体的责任清单，特别是要把党委领导责任、政府负责责任和社会协同责任、居民自治责任等有机统一起来，强化责任落实，形成相互连接、封闭运行的责任体系。就构建利益共同体而言，要在人民利益至上原则下，有效防范和正确处理多元主体存在的根本利益与具体利益、长远利益与眼前利益、整体利益与局部利益等复杂利益矛盾甚至利益冲突斗争，自觉将维护好、实现好、发展好最广大人民群众根本利益作为利益共同体建设的出发点和落脚点。多元社会治理共同体建设并不局限于上述几个方面。这需要各地区在新时代基层社会治理法治化和社会主义法治文明建设实践中根据客观实际变化，丰富和发展不同类型共同体，合理确定共同体建设重点，全面提高基层社会治理共同体建设质量。

第八章 法治文明：基层社会治理法治化苏州样本的时代思考

第五节 科学方法论是提高法治文明建设效能的基本条件

方法论是关于人们认识世界、改造世界的方法的理论。人的实践都是在特定方法论指导下完成的。运用科学方法论是实践取得成功的重要条件，鲜有方法论错误而实践成功的。我国是世界上最大的发展中国家，基层社会治理的每一个环节、法治文明建设的每一项举措都涉及亿万人民的切身利益，都关乎能否加快实现国家治理现代化和建成社会主义现代化强国。要完成建成法治文明的"过河"任务，必须首先找到法治文明建设方法即"过河"的"桥或船"问题。方法不对，事倍功半、努力白费；方法找对，事半功倍、增效扩能。这就要求以更加严谨细致的作风、对党和人民极端负责的态度高度重视法治文明建设科学方法论。马克思主义辩证唯物主义和历史唯物主义是科学世界观和方法论的统一，以基层社会治理法治化为切口建设社会主义法治文明必须自觉运用这一强大方法论武器，不断将方法论优势转化为法治文明建设效能，推动法治文明建设转型升级、提质增效。

一、坚持和运用辩证唯物主义指导法治文明建设

辩证唯物主义是关于自然、社会和思维发展一般规律的普遍概括。坚持和运用辩证唯物主义着重需要掌握如下基本原理，并以其指导法治文明建设实践。首先是世界统一于物质、物质决定意识的原理。这就要求立足中国特色社会主义进入新时代的现实情况，正

法治力
——基层社会治理法治化的苏州样本

链接

习近平把县域治理最大的特点形象地概括为既"接天线"又"接地气"。即对上，要贯彻党的路线方针政策，落实中央和省市的工作部署；对下，要领导乡镇、社区，促进发展、服务民生。强调县一级工作做好了，党和国家全局工作就有了坚实基础。

——《习近平强调县域治理 告诉你县委书记如何当》，中国共产党新闻网，2015年8月28日，略有改动

确分析我国法治文明建设所处的新的内外环境变化，坚持实事求是，深入调查研究，从基层社会治理法治化实际出发，科学制定"上接天线、下接地气"的法治文明建设战略规划、法律法规、政策文件等。其次是事物矛盾运动的基本原理，强化问题意识、增强斗争本领、敢于善于胜利。这就要求深刻认识到我国社会主要矛盾已经发生事关全局的历史性变化，在给法治文明建设带来重大机遇同时也增加重大风险。法治文明建设前进道路不会一帆风顺。运用"重点论"强化问题意识，找准法治文明建设短板弱项，运用"两点论"认清法治文明建设主流基础上要增强攻克短板弱项的新型能力，善于运用矛盾分析方法解决法治文明建设难题，敢于胜利。再次是事物普遍联系和发展观点，增强辩证思维能力，提高处理法治文明建设复杂问题的本领。推进法治文明建设的过程本身就是处理复杂利益关系的过程。法治文明建设每前进一步，对辩证思维能力的要求就更高一层。随着生产力不断发展，社会各种利益关系变得更为复杂。这就要求我们要持续增强辩证思维能力，运

第八章 法治文明:基层社会治理法治化苏州样本的时代思考

用普遍联系和发展的观点正确处理长远与眼前、整体与部分等关系,坚持发展地、全面地、系统地、普遍地而不是静止地、片面地、零散地、孤立地研究法治建设整体态势,在权衡利弊中制定科学的、最合理的法治文明建设战略。最后是认识和实践辩证关系的原理,坚持实践第一的观点,不断推进实践基础上的理论创新。这就要求充分认识科学理论的重大价值,坚持马克思主义在法治文明建设中的指导地位,认清西方法治理论阶级实质,坚定社会主义法治理论自信并据此指导法治建设;要立足法治文明建设实践,加强对实践中总结出的宝贵经验进行系统、科学的理论创新,完善和发展中国特色社会主义法治理论体系,促进理论创新和实践创新有机统一。

二、坚持和运用历史唯物主义指导法治文明建设

历史唯物主义在马克思主义体系中占据重要位置。坚持和运用历史唯物主义着重需要掌握如下基本原理,并以其指导法治文明建设实践。首先,社会存在决定社会意识的原理。深刻理解建设社会主义法治文明并不是空穴来风,而是中国共产党立足社会主义初级阶段特别是以新时代中国特色社会主义为基础、根据社会主义法治文明建设条件而提出的重大战略部署,具有鲜明的科学性。其次,物质生产是社会生活的基础的观点,深刻理解发展是解决社会主义法治文明建设难题的关键。"马克思主义最注重发展生产力。"[1]有利于解放和发展社会生产力,是衡量法治文明建设成效的重要依据。必须毫不动摇地坚持发展第一要务,以创新协调绿色开放共享为主要内容的新发展理念指导法治文明建设,提高法治文明建设效能。再次,社会基本矛盾原理和分析方法。深刻理解社会主义法治

---

[1] 邓小平.邓小平文选(第3卷)[M].北京:人民出版社,1993:63.

文明建设若干重大关系。特别是要结合生产力决定生产关系、生产关系反作用生产力，经济基础决定上层建筑、上层建筑反作用经济基础的基本原理，从根源理解法治文明建设发展态势和基本规律。要持续深化法治建设领域的全面改革，破除不适应法治文明建设需求归根到底是不适合生产力发展要求的思想体制等障碍，推动法治文明建设始终与我国社会基本矛盾运动相适应。最后，人民群众是历史创造者的观点。人民群众是法治文明建设主体，法治文明建设必须坚守人民立场这一根本立场，让法治文明建设成果更多、更公平地惠及全体人民。

第八章　法治文明：基层社会治理法治化苏州样本的时代思考

第六节　建设社会主义整体文明是法治文明建设的目标导向

整体性是社会主义文明的鲜明特征。法治文明是社会主义整体文明的基石，促进社会主义整体文明发展是法治文明建设的应有之义。法治文明"苏州样本"充分证明，法治文明从来都不是单独存在的，它与社会主义其他文明有着紧密联系。在以基层社会治理法治化建设社会主义法治文明进程中需要正确处理法治文明与社会主义整体文明的辩证关系，切实以法治文明建设提升社会主义整体文明建设质量，探索中国特色社会主义整体文明建设道路。

一、正确处理法治文明与社会主义具体文明的辩证关系

社会主义文明并不是一成不变的，它会随着社会主义实践不断丰富和发展。在中国共产党领导下，中国特色社会主义文明已经呈现出以物质文明、政治文明、精神文明、社会文明、生态文明为主要内容的具体文明形态。法治文明是社会主义整体文明的重要内容，与社会主义具体文明既相互区别、又密不可分，相辅相成、相互促进。具体来看，法治文明建立在物质文明基础之上，需要政治文明保障和精神文明指导，借助社会文明才能实现，离不开生态文明支撑；物质文明、政治文明、精神文明、社会文明、生态文明都需要沿着法治轨道才能得到实现，离不开法治文明的引导和规范。这就要求在法治文明建设过程中，应自觉把法治文明建设纳入社会主义整体文明建设总体战略布局统筹谋划、一体推进，既要突出法治文明建

设应有的重要地位,确保社会建设资源在法治文明和其他具体文明之间的合理分配,不能割裂法治文明与其他具体文明的联系,不能把它们对立起来,也不能将它们混为一谈、抹杀内在差别,谨防简单地用法治文明建设代替政治文明建设。对法治文明与政治文明之间的区别和联系值得进一步深入研究。

二、将法治文明建设优势转化为社会主义整体文明建设效能

法治文明是社会主义整体文明的重要构成。以法治文明建设带动社会主义整体文明实现落脚点在把法治文明建设优势转换为社会主义整体文明建设效能。我国社会主义法治文明建设具有显著优势,主要有坚持党的集中统一领导优势,马克思主义科学理论指导优势,紧紧依靠人民推动法治文明建设优势,社会主义制度集中办大事优势,基本经济制度夯实法治建设物质基础优势,全面深化改革法治领域创新优势,选用优秀法治人才优势,等等。这些优势是法治文明建设最坚实的保障。但法治文明建设优势不能自动转化为社会主义整体文明建设效能,需要有一个科学高效的"优势转化器"。这就要坚持和完善党对法治文明建设的领导,创新中国特色社会主义法治文明建设理论,优化人民参与法治文明建设路径,增强社会主义制度优势对法治文明建设的保障作用,进一步解放和发展生产力,构建现代经济体系,坚定不移全面深化法治领域改革,建设社会主义法治人才强国等,持续放大并不断加强法治文明建设优势转化力度,提升社会主义整体文明建设效能。

后　记

　　基层社会治理法治化是治理现代化的题中应有之义，是法治文明建设基础工程。在新时代推进经济社会发展的生动实践中，苏州以习近平新时代中国特色社会主义思想为指导，深入学习贯彻党的十九大，十九届二中、三中、四中、五中全会精神，积极探索破解法治文明建设前沿问题的有效路径。苏州牢记为全国基层社会治理探路使命，聚焦当好"强富美高"新江苏建设排头兵，以基层社会治理法治化为切口，不断完善党委领导、政府负责、民主协商、社会协同、公众参与、法治保障、科技支撑的社会治理体系，加快建设人人有责、人人尽责、人人享有的社会治理共同体，全面推进市域基层社会治理体系和治理能力现代化，持续提高苏州法治文明建设效能、努力打造法治文明建设的苏州样本，取得了明显成效，基层社会治理法治化的制度成果、工作体系、队伍及其能力等也在疫情防控中经受着检验。面对不断深入的实践探索，我们的研究也将随着实践的发展进一步深化。对书中不足之处，敬请读者批评指正。

本书撰写任务分工如下：

初稿：顾心怡、周缘、鞠军峰、李添添、赵昭、管晏粉、杜亚男、罗涛涛、陈德、张彤彤、王玥、韩舒、朱坤江、郝璐、陆军、彭博、李翌、施瑞祺。

导论：田芝健；第一章：张晓；第二章：毛瑞康；第三章：胡小君；第四章：杨建春；第五章：王者愚；第六章：李文娟、吉启卫；第七章：王慧莹；第八章：吉启卫、李文娟。全书由田芝健、杨建春、吉启卫拟定研写提纲并统稿。

江苏省人大工作理论研究会、苏州人大常委会高度重视法治文明课题研究，对本书的出版也给予了大力支持，江苏省十二届人大常委会秘书长、江苏省人大工作理论研究会常务副会长吕振霖担任课题组组长，苏州市人大常委会研究室主任李远延、副主任刘海龙具体指导课题研究和本书研写工作，地方人大理论与实践研究院对本书的编写和出版给予了支持，在此一并表示感谢！

作　者

2021 年 6 月